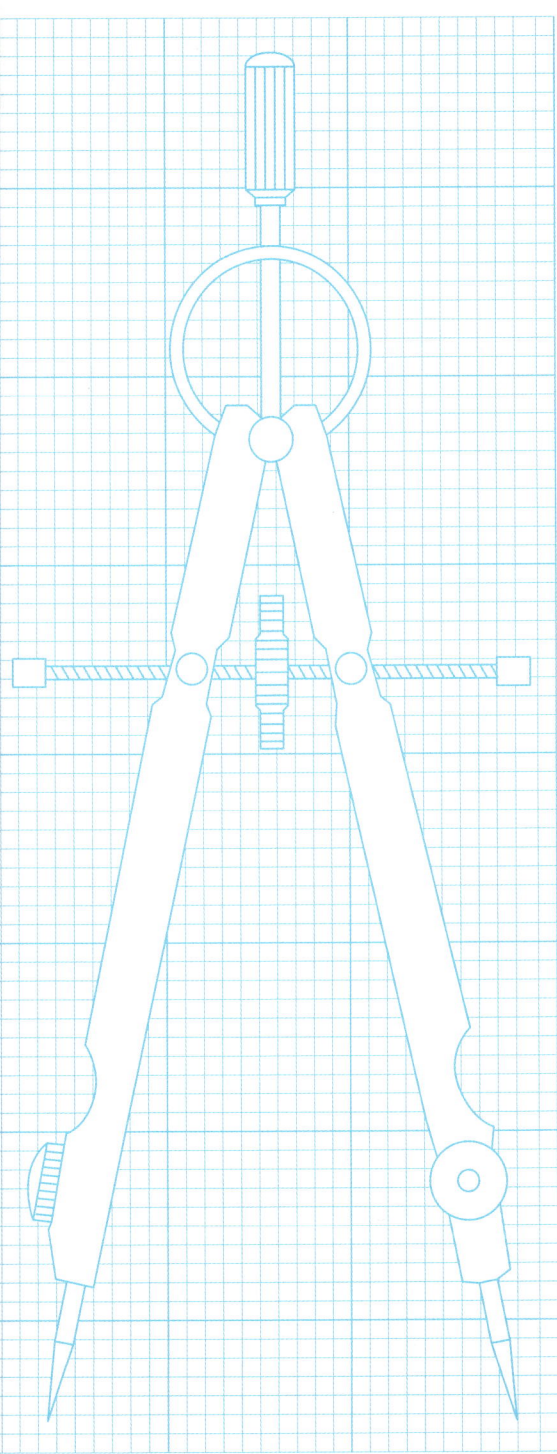

めざせ
技術系公務員
最優先30テーマの学び方

丸山大介 [著]

実務教育出版

プロローグ 技術系公務員をめざす方へ

　今，この本を手に取ったあなたは，「技術系公務員」というものに，少なからず興味を持っていることと思います。もちろん，もうやりたいことが決まっていて，「絶対に技術系公務員になりたい」と思っている方もいれば，「仕事も試験の内容もよくわからない」という方もいるでしょう。

　職業として「技術系公務員」について考えるとき，まず，疑問に思うことが，大きく分けてふたつあるのではないかと思います。ひとつは，「技術系公務員になったら，何をするのだろうか」ということ，もうひとつは「公務員試験の対策をどうすればいいのだろうか」ということです。

　ひとつ目の疑問に答えるのは，簡単なことではありません。あまりに幅が広いからです。たとえば，防災の仕事について考えてみます。民間企業でも防災にかかわる仕事をしている会社はたくさんありますが，その仕事内容は，個々の決まった案件に関するものが多くなります。例を挙げると，耐震工事を行う建設業者や防災グッズを製造する会社が，日々，どんな仕事をしているかは，なんとなくイメージできるでしょう。一方，行政の仕事は，より幅広く，総合的，横断的な立場でものごとを考える機会が多くなります。防災ひとつをとっても，関連する部署や仕事内容は多岐にわたります。国民・住民の生活を中心に据えて仕事をするのが行政であり，技術系公務員は，そういった立場で専門的な知識を活かしながら，さまざまな職務に従事することになります。

　一方で，過去の教え子の中には，自分のキャリアパスを含めた今後の人生設計を行いやすい，予測しやすい，という理由で技術系公務員を志望した人もいました。細かい配属先などはもちろんわからないですし，実際にたどり着いてみれば，予想外なこともあるでしょうが，志望先によってはそのように言える場合も多々あります。また，大学生の中には，大学院への進学か就職かといった選択で悩んでいる方もいるでしょう。国家公務員試験の場合，一度合格すれば，その年に採用されなくとも，翌年，翌々年

も試験を受けることなく採用面接（官庁訪問）を受けることのできる制度が設けられています。ですので，大学院の入試を受けるのであれば，その受験勉強と並行して，公務員試験を受けてみる，という選択もありえます。

　こうしたことも含めて，本当に幅が広く，さまざまな選択肢があるのが，技術系公務員なのです。仕事の内容や雰囲気を知りたい方は，省庁や自治体のホームページを見れば，先輩職員のインタビューや体験談を読むことができます。いろいろなところで，いろいろな方法で，多くの技術系公務員が生き生きと働いているようすがわかると思います。

　とはいえ，多くの方が不安に感じるのは，やはり「試験」についてでしょう。技術系の場合，行政系と比べて特に情報が少ないため，何をすべきなのかわからず，道を見失ってしまったり，自分の学習に自信を持てないままだったりする方が数多くいます。そういった方のために，この本を書きました。どうやって第一歩を踏み出せばよいのか，そしてどの方向へ進んでいけばよいのか，そうした道しるべが，この本の役割だと考えています。ですから，単純に学習方法を書くだけではなく，具体的な内容にもなるべく踏み込むようにしました。

　情報が少ない，ということは，逆に言えばチャンスでもあります。なぜなら，情報の不足は自分だけではなく，ほかの受験者も同じですから，自分が正しい方向へ進んでいれば，それだけでも，ほかの受験者の一歩前へ進むことができるのです。

　さあ，それでは，一緒に頑張っていきましょう！

CONTENTS

プロローグ 技術系公務員をめざす方へ ……………… 004

PART 1
技術系公務員試験の基礎知識　　009

- Chapter 1-1　技術系公務員試験とは？ ……………… 010
- Chapter 1-2　技術系公務員の種類 ……………… 014
- Chapter 1-3　試験の種類 ……………… 017
- Chapter 1-4　主な試験の概要 ……………… 020
- Chapter 1-5　まず何をすべきか ……………… 027
- Chapter 1-6　相手を知ろう ……………… 031
- Chapter 1-7　スケジュールを組もう ……………… 034

PART 2
教養試験対策　　039

- Chapter 2-1　教養試験の概要と学習法 ……………… 040
- Chapter 2-2　文章理解（英文）……………… 045
  - 最優先テーマ1　英文　──── 051
- Chapter 2-3　文章理解（現代文）……………… 057
  - 最優先テーマ2　現代文　──── 057
- Chapter 2-4　判断推理 ……………… 061
  - 最優先テーマ3　対応関係　──── 061
- Chapter 2-5　判断推理（空間把握）……………… 071
  - 最優先テーマ4　立体図形　──── 071
- Chapter 2-6　数的推理 ……………… 079
  - 最優先テーマ5　天びん算　──── 079
  - 最優先テーマ6　整数・数列　──── 084

Chapter 2-7　資料解釈 …………… 087
　最優先テーマ7　増加率 ────── 087
Chapter 2-8　自然科学系科目 …………… 091
　最優先テーマ8　化学（非金属原子・金属原子）────── 094
　最優先テーマ9　地学（天体・地震）────── 103
Chapter 2-9　人文科学系科目 …………… 110
Chapter 2-10　社会科学系科目 …………… 113
　コラム　教養試験の参考書・問題集 …………… 115

PART 3
専門試験対策　　　117

Chapter 3-1　専門試験の概要と学習法 …………… 118
Chapter 3-2　工学の基礎（数学）…………… 124
　最優先テーマ10　定積分の計算 ────── 124
　最優先テーマ11　微分の応用問題 ────── 129
　最優先テーマ12　確率 ────── 133
　最優先テーマ13　フローチャート ────── 137
Chapter 3-3　工学の基礎（物理）…………… 141
　最優先テーマ14　力・モーメントのつり合い ────── 141
　最優先テーマ15　運動方程式，運動量保存，エネルギー保存則 ────── 145
　最優先テーマ16　熱力学 ────── 150
　最優先テーマ17　波 ────── 154
　最優先テーマ18　電磁気学 ────── 158
　最優先テーマ19　直流回路 ────── 163
Chapter 3-4　土木職 …………… 166
　最優先テーマ20　河川工学・港湾工学 ────── 169
　最優先テーマ21　上下水道 ────── 171
　最優先テーマ22　棒材 ────── 174
　最優先テーマ23　水理学 ────── 176
Chapter 3-5　機械職 …………… 178

- 最優先テーマ 24　単振動 —— 181
- 最優先テーマ 25　流体力学 —— 184

Chapter 3-6　電気職　電気・電子・情報職 …………… 186
- 最優先テーマ 26　電磁誘導 —— 188
- 最優先テーマ 27　状態遷移図 —— 189

Chapter 3-7　建築職 ………… 191
- 最優先テーマ 28　梁のたわみ —— 193

Chapter 3-8　化学職 ………… 195
- 最優先テーマ 29　工業化学（熱力学） —— 197
- 最優先テーマ 30　熱量 —— 200

特別付録 地方上級（23年度）の復元問題
　　　　　工学の基礎（数学・物理）

本文デザイン ムーブ（新田由起子，徳永裕美）
組版　明昌堂

本書の使い方

　まずは，PART 1をよく読んで，技術系公務員試験の概要を把握してください。技術系公務員試験全般の特徴と本書の構成はChapter1-1で解説していますので，そちらも参照してください。

　PART 2とPART 3では，それぞれ，教養試験と専門試験において，最優先で学習すべき30テーマを選んで解説しています（テーマの順番には，あまり意味はありません）。選んだテーマは，

- 出題ウエートが大きいテーマ
- どの職種にも関係の深いテーマ
- 学習効率が高い（学習すれば得点アップが期待できる）テーマ

などです。なお，職種別では，土木職，機械職，電気・電子・情報職，建築職，化学職を取り上げています。

　これだけを学習すればよいというものではありませんが，短期間で効率よく学習を進めるために，優先して取り組むべきものを集めました。ひととおり読んで，学習のポイントを把握したら，自分の実力に合わせて，過去問集などにステップアップしていってください。

PART 1

技術系公務員試験の基礎知識

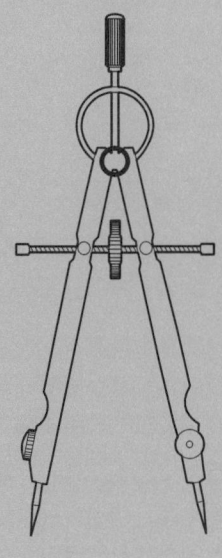

Chapter 1-1
技術系公務員試験とは？

（1）技術系公務員試験の特徴

　まずは，技術系公務員試験とはどのようなものなのか，見ていきましょう。行政系の公務員試験とはどう違うのか？　試験に受かるには何をすべきなのか？　いろいろ悩むことも多いでしょう。技術系公務員試験について，重要なポイントを解説していきます。

　技術系公務員試験全般の特徴としては，

① **業種・試験種が幅広い**
② **情報が少ない**

ということが挙げられます。たとえば，行政系の公務員試験の場合，それぞれの自治体・省庁などで多少の独自色はあるものの，試験内容にそれほど大きな違いはありませんし，仕事の内容も重なる部分が多いです。しかし，技術系の場合は違います。まず，同じ自治体でも**土木職，機械職など，かなりの職種があり，仕事の内容もいろいろ**です。さらに，一般にはあまり知られていないようなマイナーな試験もあります。

　また，**情報が少ない**のも大きな特徴ですが，これはやっかいな問題です。行政系の場合，受験人数も多く，市販されている問題集，参考書は数多くあります。さらに予備校も多種多様です。そのため，これらをうまく活用すれば，ある程度の試験情報を得ることができます。しかし，技術系の場合，そもそも市販されている書籍が少なく，さらに職種ごとに異なった特徴があるため，役に立つ情報がなかなか手に入りません。また，情報が手に入ったとしても，かな

りいい加減だったりします。

僕が大学生の頃（まだ試験問題も非公開でしたから，今以上に情報がなかった時代ですが），技術系公務員試験のガイダンスではこんなことが言われていました。

「技術系は，専門試験はみんな8割，9割取れるから，教養試験だけ頑張ればよい」

「教養試験では，政治・経済は高校の教科書を1冊読めばいいから楽勝である」

今では，試験によっては，問題どころか，正答番号，平均点，さらには合格最低点まで公開されていますので，これらがうそだというのはすぐにわかるのではないかと思います。合格最低点については，詳しくは後ほど述べますが，当時の難しい問題（今からもう15年ほども前のことなのですが）で，専門で8割，9割も取れればトップ合格に近いと言えます。また，教養の政治・経済にしても，教科書をちょっと読んで解けるような簡単な問題ではありません。実際，言われたとおりに，政治・経済の教科書を読んで試験を受けたのですが，まったくわからなかったことを覚えています。

ここで大切なのは，「こうしたでたらめな話が，今でも堂々とまかり通っている」ということです。さすがに「誰でも8割，9割取れる」とまでは言われなくなったかもしれません。しかし，根拠なく誤った情報が流れていても，それに反論できる人がいない，という状況に違いはありません。

公務員試験も「試験」のひとつですので，特徴や癖があります。そうした特徴を踏まえて学習・対策をすれば，そうでない人よりも明らかに有利になります。

もうひとつ，よく言われていることを挙げましょう。これは今でもよく言われているのですが，「大学の勉強をしっかりやっていれば，特に対策しなくても合格できる」というものです。もちろん，面接試験などは除きます。

これはある意味正しいですし，ある意味間違っています。正しいというのは，基本的には，専門試験は大学で学習する範囲から出題されるからです。ですから，たまにある微妙な「奇問」を除けば，必ず大学の教科書に答えが載っているはずです。その意味では，大学の勉強を完璧にこなした「優等生」は，特に対策をしなくても合格できるでしょう。しかし，それはどんな試験でも当

たり前のことです。アメリカに何十年も住んでいる人が，特に対策をせずに英語の検定試験で満点を取ったとしても，別に不思議はありません。そして，だからといって，このことが，ほかの人が「対策を講じなくていい」という理由にはなりません。また，近年，技術系公務員試験の一部では，筆記試験の倍率が軒並み2倍未満だった時期もありました。2000年代後半のことですね。この頃は確かに，無対策で筆記に通った人も多かったでしょう。

　しかし，たとえば土木職の「コンクリート」を例に挙げると，確かにコンクリート工学の教科書を完璧に学習していれば，問題は解けます。しかし，たとえば地方上級の専門試験で，コンクリートは40問中1問しか出題されません。この1問のためにコンクリートを完璧に学習することは，効率がよいとは言えませんね。また，そのコンクリートにしても，試験に出やすいところと出にくいところがあります。これらを区別しないで学習することは，時間と記憶力の無駄です。また，どこが公務員試験に出やすいのか，ということは大学の教科書のどこにも書かれていません。

　逆に言えば，実は技術系公務員試験の受験者の多くが，こうした無駄を経験しながら学習しているのが実情です。そうだとしたら，もし皆さんが効率よく勉強することができれば，それだけでそうした人よりも有利，ということになりますよね。

　行政系では，情報が手に入りやすいため，情報収集にかける時間は最低限で済み，それを踏まえて学習していくのが普通です。しかし，技術系では，正しい情報を得るだけで，ほかの受験生よりも一歩有利に立つことができるわけです。その意味では，対策がやりやすい，効果を上げやすいとも言えます。

（2）本書の構成

この本では，次のような構成で，技術系公務員試験の学習法を説明していきます。

PART 1　技術系公務員試験の基礎知識
PART 2　教養試験対策
PART 3　専門試験対策

もちろんこの本の分量で，幅広い技術系公務員試験のすべてをお伝えすることは難しいので，書ききれない場合には，情報を得る方法，さらに学習を進める方法について記していきます。

試験情報は，私のホームページでまとめていますので，一度見てみてください。学習対策や受験者の掲示板など，役に立つ情報を集めています。また，近年，試験制度の見直しが頻繁に行われていますので，最新の情報はこのホームページでフォローしていきます。

http://www.maru-will.com

大切なことは，「知ることは力になる」ということです。技術系公務員試験は情報戦だ，ということを意識しておいてください。

さて，このPART 1ですが，技術系公務員試験のさまざまな基礎知識をまとめます。このPARTについては，知っていることは飛ばして構いません。まずは技術系公務員試験のイメージをつかんでください。

MATOME

- 技術系公務員試験の情報は少ない。
- 正しい情報を得られれば，それだけでも有利。

Chapter 1-2 技術系公務員の種類

 ひと口に技術系公務員と言っても,さまざまです。ここでは,その種類について見ていくことにしましょう。

(1) 国家公務員と地方公務員

 公務員は,大きく「**国家公務員**」と「**地方公務員**」に分かれます。国の機関で働くのが国家公務員,都道府県・市区町村などの地方自治体で働くのが地方公務員ですね。技術系についても,国家公務員と地方公務員の両方で,それぞれ試験が行われています。

 特に受験者の多い試験は次のようなものです。右の欄は,例年の一次試験の日程です(変更になる場合もあります)。

国家公務員	総合職	4月下旬
	一般職	6月中旬
地方公務員	地方上級	6月下旬など
	東京都・特別区	5月上旬〜中旬
	大阪府・大阪市	5月
	市役所	6月,7月,9月など

 なお,国家公務員試験は,平成24年度から,

「国家Ⅰ種」 → 「総合職」
「国家Ⅱ種・Ⅲ種」 → 「一般職」

と枠組みが変わりました。ただし,国家Ⅰ種がそのまま総合職に変わったわけ

ではありません。名称だけではなく，試験制度全体が見直されています。そのため，従来の試験（平成23年度以前の試験）から変更された点も多々あります。これらの試験を受ける予定の人はその点，注意してください。

地方上級とは，地方公務員のうち，都道府県・政令指定都市・特別区の試験をさします。ただし，東京都・特別区，大阪府・大阪市は別日程となっているため，ここでは分けておきました。特に東京都，大阪府・大阪市の試験制度は，ほかとは大きく異なっています。

国家一般職と地方上級には違いも多いのですが，試験問題のレベル，受験者層，併願状況を見ると，多くの場合，区別せずに対策をする場合が多いようです。この本でも，国家一般職と地方上級の2つをメインターゲットとして対策を示しています（国家一般職と地方上級の対策上の細かい違いなどはその都度触れていくことにします）。それぞれの試験制度については次の項目で説明していきます。

公務員試験では，技術系も含めてほとんどの場合，年齢要件だけが課され，それ以外の受験資格は要求されません。ですので，出身学科に関係なく，自分の希望する職種を受験することができます。ただし，一部の試験では，卒業学科や取得資格の要件が必要になる場合もあります。受験予定の自治体のホームページなどで前年の募集要項を確認しておくとよいでしょう。

ところで，技術系の場合，こうした通常の試験のほかにも多くの種類の試験があり，これらの試験の中にはかなり特殊な専門試験を課すものもあります。こうした場合でも，この本の基礎知識（PART 1），教養試験対策（PART 2）は多くの場合そのまま通用しますし，専門試験対策（PART 3）も一部重なる場合があります。ただし，専門試験でどのような試験が課されるのか，という点は最初によく調べておいてください。特に，過去問や参考問題があるかどうか，ある場合はどのような問題なのかを十分に確認してください。

(2) 技術系公務員の職種

次に，技術系公務員の職種について，簡単に見ていきましょう。

技術系試験は，行政系とは違い，職種ごとに試験区分が細かく分かれています。採用予定人数の多い職種については，毎年募集される場合が多いですが，そうでない職種では，募集自体がないこともよくあります。採用予定人数の比較的多い職種としては，**土木，機械，電気，建築，化学，農学**などが挙げられます。**林業，畜産，水産，造園**といった職種は，通常，採用予定人数は少なめです。ほかにも職種がありますが，採用はあまり多くありません。

仕事の内容も職種によって大きく異なります。ここでは詳しい説明は省きますが，基本的には土木職で採用されたら，土木関係の部署に配属されます。ただし，事務系の部署に配属となる場合もあります。

この本では，PART 3で**土木，機械，電気，建築，化学**の専門試験について解説します。ただし，専門試験では，職種にかかわらず，**「工学の基礎」**が課されることが多いので，参考にしてください。

MATOME

- 国家公務員は24年度から新しい試験制度となった。
- 技術系公務員試験にはさまざまな種類がある。

Chapter 1-3 試験の種類

公務員試験では，さまざまな種類の試験が課されます。ここでは，技術系公務員の主な試験内容について紹介していきましょう。

(1) 教養試験（五肢択一式）

ほとんどの試験で一次試験に採用されている試験で，大きく一般知能分野と一般知識分野に分けることができます。なお，教養試験は，技術系も行政系も共通である場合がほとんどです。また，国家公務員試験では「基礎能力試験」という名称になっていますが，内容は教養試験とほぼ同じと考えて構いません。

一般知能分野は，文章理解（現代文，英文，古文）と，判断推理，数的推理，資料解釈からなります。科目名については，判断推理と数的推理を合わせて数的処理という場合や，判断推理と空間把握や空間概念を分ける場合などもありますが，内容に大きな変わりはありません。

一方，一般知識分野は，理科系科目の「自然科学」，文科系科目の「人文科学」，政治・経済，法律などを扱う「社会科学」に分かれ，その他自治体によって，時事や地域の知識などを問う問題が入る場合もあります。

試験によって，出題科目，出題数，解答時間はまちまちで，選択制，必須解答制といった解答方法も違いが見られます。公務員試験独特の試験といえます。

→ PART 2で詳しく解説します。

（2）専門試験（五肢択一式）

　多くの試験で一次試験に採用されている試験です。ただし，東京都など一部の自治体では，五肢択一式の専門試験が課されません。

　職種ごとに試験内容が大きく異なりますが，「工学の基礎」＋「それぞれの専門科目」というパターンが一般的です。

「工学の基礎」とは，数学・物理を中心とした問題で，受験案内では単に「工学に関する基礎」とされていたり，「数学・物理」とされていたりする場合もあります。「専門科目」のほうは，それぞれの職種での専門内容を問う問題で，たとえば土木職であれば「土木材料」「構造工学」，建築職なら「構造力学」「建築材料」といった科目です。それぞれの比率は試験によって大きく変わります。専門試験は，一次試験のキーとなる試験です。

→ PART 3 で詳しく解説します。

（3）論文試験

「小論文」「作文試験」などと呼ばれることもあります。また，試験によっては「専門記述試験」という名称で，実質論文試験と言える問題を出題する場合もあります。また，国家公務員の総合職院卒者試験で「政策論文試験」の名前で行われますし，一般職試験でも「専門試験（記述式）」と書かれている試験は実質的には小論文試験と言って構いません。自分の意見などを客観的に論述する能力を問うものです。二次試験で出題される場合が多いのですが，一次試験で課されることもあり，また，試験自体は一次試験の日程で行い，採点を二次試験扱いにする場合もあります。国家公務員試験では全体的に低い配点ですが，地方上級試験では場合によっては高い配点になることがあります。

（4）専門記述式試験

　国家総合職の二次試験で課されるほか，労働基準監督Ｂ試験でも出題されます。また，一部の地方上級試験でも課されています。難易度は，五肢択一式の試験よりも難しいものがほとんどですが，出題パターンが限られています。通常は五肢択一式試験対策の一環として対策していくことになるでしょう。なお，前述のとおり，一般職試験における「専門試験（記述式）」は，今までの傾向を見る限りは，実質的には論文試験と言っていい内容です。

(5) 個別面接試験（人物試験）

　ほぼすべての試験で，なんらかの形で面接試験が行われます。多くの試験では二次試験以降で行われますが，なかには一次試験で課される場合もあります。また，2回以上面接試験を行う場合もあります。事前に，あるいはその場で面接カードを書かせ，これを手がかりに試験を行うことが多いようです。そのため，事前にある程度対策することが可能です。

　地方公務員試験では，ほとんどの場合，配点割合がかなり高く，二次試験は実質，面接試験のみのような配点になっていることも少なくありません。一方，国家公務員試験では専門試験などと比べて，必ずしも配点比率が高くはありません。ただし，国家公務員試験の場合，人事院試験後の官庁訪問で，より重要な面接試験が控えています。

(6) 集団面接試験（集団面接・集団討論）

　一部の地方上級試験で見られる形式です。また，国家総合職試験の院卒者試験でも，「政策課題討議試験」の名称で実施されます。ただし，受験案内に「集団試験」とある場合でも，単に個別面接を多くの受験生に対して同時に行う場合（集団面接）と，いわゆる集団討論試験を行う場合があります。集団討論試験は，決められた課題についてその場で考え，チームで討論を行う試験です。個別面接と比べると，一般的には低い配点比率となっていますが，無視できない配点となっている場合が普通です。

　それぞれの試験の対策をするうえでは，まず実際の過去問に目を通すことが大切です。本書では，PART 2で教養試験，PART 3で専門試験の実際の出題例を挙げていきます。

MATOME

- 公務員試験にはさまざまな試験科目がある。
- 名称からは内容が類推できない試験もあるため，事前によく調べること。

Chapter 1-4 主な試験の概要

（１）国家総合職試験

　国家総合職試験は，国家Ⅰ種試験の後を受ける試験です。国家Ⅰ種試験は，いわゆる「キャリア官僚」採用試験でした。これに対して総合職試験は，人事院のパンフレット等では，国家Ⅰ種からの連続性・対応性はないとされています。しかし，実質的には同じライン上にある試験と考えてよさそうです。

　今回の採用試験の見直しで，最も大きな変化があったのがこの試験です。技術系に関連する部分を簡単にまとめてみましょう。

① 院卒者試験・大卒程度試験に分かれた
② 区分の簡単な再編（名称の変更）があった
③ 試験内容に変更があった
④ 教養区分（秋試験）が新設された

　このほか，年齢の上限が32歳から30歳に引き下げられる，という変更もありました。では，順番に説明していきましょう。

① 院卒者試験・大卒程度試験に分かれた

		主な受験資格
院卒者試験	4月下旬	(1) 30歳未満　(2) 大学院修士課程または専門職大学院専門職学位課程を修了または修了見込みの者
大卒程度試験		(1) 21歳以上30歳未満
大卒程度（教養区分）	9月下旬	(1) 20歳以上30歳未満

※年齢は，試験年度の4月1日現在のもの。また，このほかにも細かい資格要件があるが，ここでは省略している。

総合職試験は，院卒者試験と大卒程度試験に分かれています。この2つは受験資格と試験内容に違いがあります。順番にまとめてみましょう。

基本的には年齢による制限のみなのですが，院卒者試験の場合には，大学院修了見込み以上でないと受験できないということです。なお，「教養区分」については，基本的に大学3年生が受験することを想定した試験です。つまり，翌々年の4月採用が基本となります。この試験区分は技術系ではないのですが，後ほど簡単に紹介します。

② 区分に簡単な再編があった

国家総合職は試験区分が独特です。表の一番上が新しい試験区分です。

新試験	工学	数理科学・物理・地球科学	化学・生物・薬学
旧試験	理工Ⅰ	理工Ⅱ・理工Ⅲ	理工Ⅳ
専攻	電気・電子・情報,建築，土木，機械,船舶等	数学，物理，地球科学系	

新試験	農業科学・水産	農業農村工学	森林・自然環境
旧試験	農学Ⅰ・農学Ⅳ	農学Ⅱ	農学Ⅲ
専攻	農学，水産系	農業土木	林学

2区分で統合がありました。また，名称に大幅な変更があり，わかりやすくなりました。なお，卒業学科に関係なく，どの区分も申し込み段階で自由に選択することができますので，自分の専門と異なる区分を受験することも可能です。ただし，試験区分によっては，志望官庁の採用予定がないケースも考えられます。受験案内に，各省庁の採用予定が書かれると思われますので，注意が必要です。

③ 試験内容に変更があった

院卒者試験，大卒程度試験の試験内容を見ていきましょう。

		院卒者試験			大卒程度試験		
一次試験	基礎能力試験 （五肢択一式）	30問 2時間20分	2/15	基礎能力試験 （五肢択一式）	40問 3時間	2/15
	専門試験 （五肢択一式）	40問 3時間30分	3/15	専門試験 （五肢択一式）	40問 3時間30分	3/15
二次試験	専門試験 （記述式）	2題 3時間30分	5/15	専門試験 （記述式）	2題 3時間30分	5/15
	政策課題討議試験	1時間半程度	2/15	政策論文試験	1題 2時間	2/15
	人物試験		3/15	人物試験		3/15

※分数は，配点比率。

　政策課題討議試験は6人1組で行われ，課題についてレジュメを作成し，プレゼンテーション・討論を行う試験です。地方上級の集団討論試験を，より緻密に行うものと考えられます。また，政策論文試験は，小論文試験に近い試験と考えてよいでしょう。今までの試験では「総合試験」と呼ばれていました。ただし，地方上級の小論文試験と異なり，相当な分量の資料が渡され，それを元に論文を書くことを要求されます。なお，**この資料には英文によるものを含みます。**

　その他，教養試験の内容にも細かい違いがありますが，これはPART 2で見ていきます。専門試験は基本的に共通のようです。

　全体として，大卒程度試験は，昨年までと比べ大きな違いはありません。一方，院卒者試験では，教養試験の負担が減る一方で，二次試験での負担は大きくなっています。

④ 教養区分（秋試験）が新設された

技術系の試験区分ではないのですが，まったく別日程の試験として，教養区分が設けられました。基本的に翌々年の採用，つまり，大学3年生を対象にしている試験です。教養試験のほか，論文，討論，企画立案・発表などの試験が課されます。総合職試験を志望される方はひとつの選択肢として念頭に置いておくとよいでしょう。なお，採用予定人数はかなり少ないと考えられます。

なお，国家総合職と，後述する国家一般職の場合，最終合格＝採用ではありません。採用されるためには「官庁訪問」というプロセスが必要になります。官庁訪問では，面接が繰り返し行われ，集団討論などが課されることもあります。官庁訪問には，日程などについて，いくつか細かいルールがありますので，人事院のホームページで確認しましょう。最終合格の名簿は3年間有効ですので，その間に大学院へ進学し，官庁訪問を経て採用，といったことも可能です。

（2）国家一般職試験

国家一般職試験は，国家Ⅱ種試験の後を受ける試験です。この試験も，人事院のパンフレットでは，以前の試験とは連続性・対応性はないとされていますが，実質的には同じライン上の試験と言って構わないでしょう。今回，新たな名称になりましたが，今までの国家Ⅱ種試験と比べて，それほど大きな変更点はありません。

では，技術系を中心に試験制度について見ていきましょう。

① 受験資格

21歳以上30歳未満（このほか，21歳未満の人について細かい決まりがあります）

② 試験区分

「電気・電子・情報」「機械」「土木」「建築」「物理」「化学」「農学」「農業農村工学」「林学」

③ 試験内容

	建築職以外			建築職		
一次試験	基礎能力試験 （五肢択一式）	40問 2時間20分	2/9	基礎能力試験 （五肢択一式）	40問 2時間20分	2/9
	専門試験 （五肢択一式）	40問 3時間	4/9	専門試験 （五肢択一式）	33問 2時間	2.5/9
	専門試験 （記述式）	1題 1時間	1/9	専門試験 （製図）	1題 2時間	2.5/9
二次試験	人物試験		2/9	人物試験		2/9

※分数は，配点比率。
※建築以外の専門試験（記述式）は一次試験と同時に行われ，採点は一次試験の合格者のみに対して行われる。また，この専門試験（記述式）は，過去問題に準拠すれば，小論文試験に近い問題が出題されている。

　まず，今回の変更では，受験資格の年齢上限が引き上げられました。また，試験内容の細かいところに変更点がありますが，これはPART 2以降で見ていくことにしましょう。

（3）地方上級試験

　地方上級試験は，都道府県・政令指定都市・特別区の採用試験の総称です。このうち，東京都，大阪府・大阪市，特別区は，5月に試験が行われています。それ以外のほとんどの試験は，6月下旬の日曜日に試験が実施されます。同一日に試験が実施される自治体では共通の問題が使用されることが多いですが，まったく同じというわけではなく，出題科目や出題数は自治体によって異なります。また，試験区分や受験資格も自治体により違いがあります。年によって変更される場合もありますので，必ず，それぞれの自治体のホームページで調べてみてください。

試験内容の代表的なパターンとしては次のようなものがあります。

一次試験	教養試験（五肢択一式）
	専門試験（五肢択一式）
二次試験	論文試験
	個別面接試験
	集団面接（集団討論）試験

　教養試験，専門試験は，国家公務員試験と出題数や出題科目が異なるものの，内容についてはそれほど大きな違いはありません。

　また，試験の配点も各地方自治体によって異なり，公表していない場合が多いのですが，公表されている限りでは，次のような傾向が見られます。

○　教養試験と専門試験の配点は，ほとんど同じか専門試験のほうが高い。
○　一次試験より二次試験の配点が高く，特に面接試験の配点が極めて高い。

　また，東京都，大阪府・大阪市，特別区では，ほかの自治体とは別の日程で独自に試験が行われます。これらの試験は，日程以外にも，専門試験が記述式になっている点が共通しています。簡単に紹介しておきましょう。

① 東京都Ⅰ類

　東京都の採用試験は，A，Bに分かれています。Aは大学院修了程度，Bは大学卒業程度試験に相当します。こうしてみると，国家総合職試験に似ていますが，別日程で行われ，両方の試験を受けることができるようになっています。また，専門試験が記述式で行われることも大きな特徴となっています。

	Ⅰ類A試験	Ⅰ類B試験
受験資格	23〜31歳	21〜29歳
一次試験日程	5月中旬	5月上旬
募集職種	土木・建築・機械・電気	Aに加え，環境検査，林業等
一次試験	教養，専門（記述），論文	教養，専門（記述），論文

　一次試験の専門試験は選択制となっています。ほかの試験とはかなり様子が

違いますので，過去問を事前にチェックしておくべきでしょう。3年分は東京都のホームページで入手できますが，できれば大学，研究室などに近年の過去問がないか，探してみるとよいでしょう。

② **大阪府・大阪市**

　大阪府・大阪市も試験日程が早めになっています。また，教養試験が課されない，専門試験が記述式であるなど，ほかの試験とは異なった特徴があります。簡単に試験方法などをまとめておきます。

一次試験日程	5月
一次試験	エントリーシート等
二次試験	専門記述試験，個別面接等
三次試験	個別面接等

　いずれも過去の試験問題（例）をホームページで公開していますので，事前に準備しておく必要があります。

③ **特別区**

　一次試験は，東京都Ⅰ類B試験と同じ日程で行われます。国家公務員試験と同様，最終合格＝採用ではなく，二次試験に合格した後，各区役所の採用面接を受けることになります。

　特別区の試験も，専門試験が東京都と同様に記述式になっていますが，答えだけを答える短答式の問題や，選択肢から選ぶ問題も含まれています。こちらは特別区のホームページから数年分の過去問が入手できます。

　特別区ホームページ：http://www.tokyo23city.or.jp/saiyou-siken.htm

MATOME

- 試験ごとに内容・日程に違いがある。
- 地方上級試験にはいろいろなバリエーションがある。

Chapter 1-5 まず何をすべきか

　公務員試験の制度を，技術系を中心にざっと見てきました。どんな試験なのか，イメージできたでしょうか。おそらくまだまだよくわからない，という人がほとんどでしょう。学習を進めるうえで大切なことは，合格までのイメージを持つことです。どこまで学習していけば合格できるのか，そのために何をすべきなのか。そういったことをイメージすることが大切なのです。とはいえ，実際にはやってみないとわからないところも多いでしょう。何についても同じですが，一度始めるとしばらくは続けられますが，最初の一歩を踏み出すことは非常に難しいのです。

　公務員試験対策では，**学習**と**情報収集**の2つがいずれも重要です。そして，どのような勉強方法を選択するかによって，大きく変わります。そこで，まずは勉強方法について考えていきましょう。大きく分けて，次の2つが考えられます。

① 予備校・大学の対策講義を受講する
② 独学で教科書・参考書を使って勉強する

　もちろん，模試だけ予備校を使う人もいるかもしれません。しかし，この2つではその後の対策も大きく変わってきますので，まずは，どちらでいくのかを決める必要があります。そこで，それぞれの特徴を挙げてみることにしましょう。

① **予備校・大学の対策講座を受講する**
　予備校や大学の対策講座の大きなメリットは，「参考書探し」「スケジュール

作成」「情報収集」といったことに労力をかける必要がなくなることです。基本的には，対策講座のスケジュールに合わせて，必要なことを勉強していくことで，合格に足る実力がつくように講座が設計されているはずです。この点は，行政系以上に「情報戦」となる技術系公務員試験対策では，大きなメリットと言えるでしょう。

ただし，技術系の場合は，予備校の対策講座がほとんどないというのが実情です。「技術系公務員対策」とうたっていても，実は，教養試験や一部の専門科目にしか対応していなかったりします。なかには，「技術系の場合には，専門試験はみんなできるから教養試験さえやっていればよい」などとガイダンスしている場合もあります。後で詳しく見ていきますが，このような意見は信頼に値しません。いずれにしても，技術系の予備校の対策講義は，行政系と異なり，選択の余地が非常に限られています。これは予備校に限らず，大学の学内講座にもいえます。仮に技術系の対策講義がある場合でも，公務員試験を熟知した講師が担当しているとは限りません。

また，一度に高額な費用を支払う必要がある，というのもデメリットになるでしょう。しかし，費用の点については，独学の場合に教科書・参考書類を一から揃えることと比較すると，大差がないこともあります。また，どんなに安価に済んだとしても，不合格になってしまったら無駄になることを考えれば，必ずしも予備校が不経済だとは言えないでしょう。

そのため，予備校や大学の対策講義を検討する場合には，その予備校や大学の対策講座の評判やカリキュラム等を，まずは詳しくチェックしましょう。予備校の場合，体験講座などを申し込むのもひとつの方法です。また，大学の対策講座の場合，受講していた先輩の率直な意見を参考にすることができます。そのうえで，どこまで対策してくれるのか，ということにも気を遣う必要があります。教養だけなのか，専門の一部（工学の基礎など）だけなのか，それとも全科目なのか。これをしっかりと見極めてください。

MATOME

> ●対策講座を受講する場合
>
> まずは，カリキュラム，講義の質，評判を確認すること！（特に科目には要注意）
>
> ↓
>
> 講座のある科目は，講座のカリキュラムにのる形で勉強をしていけばよい
>
> 講座のない科目は，独学用に対策を確認すること（まずはスケジュール決めから）

ところで，技術系公務員の志望者で，予備校を敵視する人もいたりするのですが，予備校講師をやっている立場から言うと，講師がしっかりしていれば，予備校の講座はてきめんに効果があります。特に以前，技術系の倍率が高かった時代には効果は高く，「講座についてくれば，倍率が10倍以内のところであれば，確実に合格レベルまで到達できる」と考えていました。もちろん「100%」とは言えませんが，周囲が情報もなく独学で立ち向かう中，1人プロがいるような状況でしたので，その差は行政系以上に歴然と出てくるわけです（行政系の場合，むしろ，予備校の講座を前提として，さらに何をするか，という問題になってしまっていますね）。もちろん，そのためには講師やテキストがしっかりしていることが前提です。

これは独学の場合にも言えるのですが，倍率が高くなればなるほど，いかに周囲よりも高度な対策をすべきか，を考えるべきなのです。

② **独学で教科書・参考書を使って勉強する**

独学のメリットは，なんといっても**費用が安く済む可能性がある**ことです。技術系の場合，割合としては独学の人が多く，もちろん独学でも合格レベルに到達できます。むしろ，合格者の大多数が独学かもしれません。しかし，それは不合格の人の多くも独学だ，ということを意味します。その点を忘れないでください。最近では倍率が低く，対策ゼロでも合格したという例もありますが，それは幸運だっただけです。確実に合格したいのであれば，常に周囲よりも上に行くことを考えてください。

独学の場合，「スケジュール組み」をすること，それから学習を開始することが大切です。そのためには，まずはどのような学習をすればよいのかという

情報を集めることが大切になります。この本もそのうちのひとつです。

　まず大切なことは，あなた自身のことを知ることです。それは，「この本を読んでいるあなた自身に関係すること」，つまり，あなた自身の現状のレベルや，周囲の環境についてのことです。

　次に，あなたの身近なところに合格した先輩や知り合いがいないか探してみましょう。また，自分の近くで公務員試験の受験をサポートしてくれる場所がないかも押さえてください。さらに，身近なところでガイダンス等のイベントがないか，こうしたことをチェックすることが第一です。大学生であれば，就職課（キャリアセンター），エクステンションセンターなどがあるでしょう。まずは，こうした身近な情報源を押さえたうえで，次のステップとして，さらにこの本の先の方（PART 2, PART 3）を読み進めましょう。

> **MATOME**
>
> ●独学の場合
> 　まずは，身近な情報源をチェックすること

Chapter 1-6 相手を知ろう

　もう少し具体的な学習の準備に進んでいきましょう。試験勉強で大切なことは「周囲よりも上に行くこと」がひとつですが，もうひとつ「自分を知り，相手を知る」ということです。

　まず，「自分を知る」ということはどういうことでしょうか。もちろん面接対策として自己分析をすることも自分を知ることですが，学習を始める段階では，少し早すぎますよね。試験勉強の段階で自分を知るということは，**自分の実力を知る**ということです。まず，この本のPART 2，PART 3をぱらぱらとめくってみてください。いくつかの過去問が掲載されていますね。これらを眺めてみて，解けそうかどうかを見てみるとよいでしょう。

　公務員試験では，単純に問題の難易度のほかに，**出題範囲の広さ**もネックになります。これは，教養はもちろん，専門試験にも言えることです。こうしたことの詳細についてはPART 2，PART 3で触れていくことにしましょう。

　また，前項で身近な知り合いを探して，試験勉強の方法などを聞く，ということを書きました。実はこのときに注意することがあります。同じ大学の合格者であっても，勉強を始める時点での実力差があります。また，受ける試験の違いもあります。同じ試験であっても，年によって倍率が極端に違うというのが公務員試験の特徴です。楽観的な話は励ましだととらえて，具体的に「合格のために何をしたのか」という点を聞き出すように注意するとよいでしょう。

　次に「相手を知る」ということですが，この場合の相手とは2つです。まずは「試験問題」であり，面接対策のときの「志望自治体」ないし「志望官庁」です。ここではまず試験問題が重要です。試験対策は**「過去問に始まり，過去問に終わる」**。これをよく念頭に置いておきましょう。

　そこで試験問題を入手することが大切になります。入手できる過去問は，基

031

本的には国家公務員試験で，人事院が問題と解答番号を公開しています。これが学習の基準になることは間違いありません。この本でも，先ほど述べたとおり，わずかですが実際の問題を掲載しています。しかし，本格的に学習に取り組む際は，できるだけ多くの過去問を揃えておくことが大切です。

　大学生であれば，大学の就職課，エクステンションセンターなどで入手できるか聞いてみましょう。また，知り合いの合格者に話を聞く場合にも，過去問を持っているかどうかをたずねてみるとよいでしょう。この点，予備校などの講座を受講しているのであれば，自分で入手する必要のないことがほとんどでしょう。なお，このとき重要なのは，「専門の過去問」です。教養の過去問もあってもよいのですが，そもそも教養試験は行政系と共通の場合が多いので，市販の過去問集が数多くあります。

　身近なところで過去問が入手できない場合には，人事院に請求することになります。この際，費用と時間がかかることに注意してください。時期によって変わる場合もあるのですが，過去問を請求してから手元に届くまでに1か月以上はかかると思ったほうがよいでしょう。次のホームページアドレスから申し込みが可能です。国家総合職の場合は，国家Ⅰ種試験（五肢択一式，専門記述式，総合試験）を，国家一般職の場合は，国家Ⅱ種試験の専門の問題（五肢択一式）を複数年請求してください。なお，記述式試験ですが，これは一般職試験の論文試験に相当する試験です。地方上級の論文試験とはかなり様子が違いますので，国家一般職試験を第一目標とする場合は，記述式試験も複数年請求するとよいでしょう。しかし，地方上級試験が第一志望であれば，1年分あれば十分ですし，請求しなくても構いません。

人事院ホームページ：http://www.jinji.go.jp/top.htm

　過去問の使い方については，この後の学習法のところで説明することにします。

　なお，地方上級の場合，過去問はわずかな問題を除いて公開されていません。PART 3で解説するとおり，国家公務員試験とは質の違うところもあるのですが，受験者層が国家一般職試験とかなり重なるでしょうから，地方上級試験が第一志望の場合もまずは国家一般職試験（国家Ⅱ種）の過去問を基準にするとよいでしょう。

ただし，専門記述式試験が課される自治体の場合には，記述式試験だけはホームページなどで掲載されている場合があります。専門記述式試験が公開されていない自治体を受ける場合にも，形式は大きく変わるでしょうが，問題のレベルを見るうえで，他の自治体の過去問を見ておくと参考になるでしょう。とはいえ，記述式問題の勉強は，試験勉強がある程度進んでからでよいでしょう。

■専門記述式試験を公開している自治体の例

自治体	形式	公開年度	公開方法
宮城県	短答式	3年分	ホームページ
東京都	完全記述式	3年分	ホームページ
特別区	一部記述式	5年分	ホームページ，区役所等（区によって異なる）
北九州市	完全記述式，製図試験	1年分	ホームページ

　このほか，先輩などに話を聞く場合には，面接試験についても，雰囲気や，聞かれた具体的な内容なども聞いてみるとよいでしょう。これは本当に貴重な情報になります。面接試験は，学習を開始する時点ではだいぶ先の話になるのですが，先輩の合格者の側に立てば，時間が経てば経つほど忘れていってしまうでしょうから，早い段階で訪ねておいたほうがよいです。
　また，先輩やエクステンションセンターに聞いておくべきことを下にまとめておきます。

MATOME

- 客観的な情報として，「過去問」「面接試験の様子」
- 合格者を訪ねる場合：「勉強法」「勉強の材料」
  ただし，自分との実力差，試験の違いに注意すること

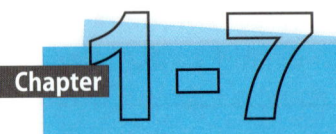

Chapter 1-7 スケジュールを組もう

　情報を集めたら，いよいよ試験に向けて具体的に考えていきましょう。試験の方法，試験科目についてはなんとなくイメージがつかめてきましたか？　そのイメージを高めるうえでも，一度，試験対策のスケジュールを組んでみましょう。

　ここで大切なことは**悩みすぎない**ことです。これから作るスケジュールに従って最後まで学習していくとは限らないからです。実際に勉強を始めてからわかることもあるでしょう。また，予想外の出来事があるかもしれません。大学生であれば，研究が忙しくなるかもしれません。そうしたことで，スケジュールは変わっていくことが普通です。大切なことは，一度，**「やらなければいけないこと」を全部書き出す**ことなのです。

　公務員試験の特徴のひとつは，試験範囲が膨大だ，ということです。全体像なしで勉強を進めると，試験間際になって何をすべきか見失い，慌ててしまうことになりかねません。そういった意味でも，一度スケジュールを組んでみることは大切なのです。

　さて，独学の場合はすべてのスケジュールを自分で組む必要がありますが，学内講座や予備校などで講座を受講する場合には，講座の範囲内は，あらかじめスケジュールが組まれている場合が多いでしょう。その点で，スケジュールを組む負担は減ることになります。一方，通信講座の場合，内容にもよりますが，スケジュール管理は自分自身でしなければなりません。ただし，送られてきた講座をすべてこなす，という明確な目標がありますので，その点では独学よりも負担が少ないといえるでしょう。

　では，具体的に考えていきましょう。まず，一次試験は5～6月の人が多いと思います（市役所では7月，9月という場合もあります）。ここがひとつの

目安です。できれば、**一次試験の6か月前には本格的な学習をスタート**しましょう。もちろん、1年前からスタートできるなら、それに越したことはありません。二次試験の日程は試験によって違いますので、ホームページなどを見て確認してください。勉強の内容は、「教養」「専門」「それ以外（面接対策など）」に分けます。あまり考えすぎずに、「一般的な例」を参考にして、下の図に書き込んでみてください。便宜上、前年の10月から始まっていますが、それ以前にスタートできる人は、自分で加えてください。

●一般的な例：土木職の場合

	10月	11月	12月	1月	2月	3月	4月	5月	6月
教養				判断推理・数的推理 →					→
	自然科学 →		社会科学 →		人文科学 →			時事 →	
専門	工学の基礎 →		構造 →	水理 →	土質 →	計画 →		まとめ →	
その他			説明会	ES作成		模試			

●大まかなスケジュールを組んでみよう

	10月	11月	12月	1月	2月	3月	4月	5月	6月
教養									
専門									
その他									

それぞれの欄に，その月に主に勉強する科目を書いていきます。教養の場合，**「判断推理・数的推理」「自然科学」「人文科学」「社会科学」**が主要な科目となります。「判断推理・数的推理」は一度にまとめて勉強するだけでなく，その後毎日継続することが大切となりますが，ここでは大体のスケジュールでかまいません。一般知識は，短期集中で勉強したほうがよいでしょう。

　専門科目は，職種によって変わってきます。工学系の場合，**「工学の基礎」**から始めるのがよいでしょう。また，計算系は長期間学習し，知識系は直前期に短期集中的に学習するのがよいのですが，この辺りはもちろん問題数によっても変わってきます。問題数の多い科目は長く（しかもできるだけ早い時期に），問題数の少ない科目は短く，というのがコツです。

　そのほかの欄は，学習を始める際には，あまり埋められないのではないかと思います。いつ頃から面接対策などを始めるかを考えておきましょう。また，大学の行事などを簡単に記入するのも参考になります。

　最初の段階では，わからないことも多いと思います。わかりにくいところがあれば，PART 2，PART 3の過去問なども見てみてください。そして，自分の実力などを踏まえて，学習にはどのくらいの時間がかかりそうか，とイメージしていってください。繰り返しになりますが，厳密に考える必要はありません。こうした作業をすることで，実際にこれから自分がやっていくことを認識することが大切なのです。

　スケジューリングについてのまとめを，以下に示しておきます。

MATOME

- スケジューリングは試験全体の確認になるため，最初に行うこと。
- 厳密に考えすぎず，全体の学習や日程についてイメージを持つことが大切。

　以上で，最初の段階としては十分でしょう。これから具体的に学習を始めていくことになります。

　そのためには，前述のとおり，道具が必要になります。予備校や通信講座の場合には，そこで使うテキストを使って，カリキュラムに従って勉強していくとよいでしょう。ただし，注意しなければならないことは，一部繰り返しになりますが，技術系の場合，多くの予備校，講座の内容が不十分だということで

す。たとえば、「教養試験」しか対策しないところもあります。最近では「工学の基礎」までは講座があるケースも見られます。しかし、公務員試験は「専門試験」までやって全部です。講座があるとどうしても、その部分だけに偏りがちになってしまいます。

一方、独学の場合には、まずは参考書や問題集を購入するところから始めることになります。とは言っても、最初からすべての科目の参考書などを購入することは無駄になりかねません。まずは、自分が始める数科目について購入するとよいでしょう。自分に合ったもの、というのはなかなか見つからないからです。とはいえ、その数科目を買うのも実は大変です。何がよくて、何が悪いのかは、なかなか自分では判断しにくいからです。

そこで、**まずはこの本を使って学習のスタートを切ってください**。いよいよPART 2、PART 3に進んでいきます。実際に出題された問題を解きながら具体的に一歩ずつ、対策へと踏み出していきます。なお、最初に教養試験のPART 2に進んでも、専門試験のPART 3へ進んでも、どちらでも構いません。いずれにしても、PART 2、PART 3を読み終えたときには、すでに公務員試験の第一歩を大きく踏み出していることに気づけると思います。

最後に。近年は技術系でも試験日程・方式が多様化していて、上手に併願することで、ほかの受験者よりも有利に進めることができます。たとえば、第一志望よりも日程の早い「先行枠」試験の面接試験を受けておくことで、第一志望の面接の予行練習ができます。面接は慣れも重要ですから、これだけでかなり有利になります。

どのような「特別日程」試験が実施されるかは、年によって変わるので、ときどきスケジュールを見直す中で調べてください。技術系の受験者の場合、自分の今の志望先以外はまったくチェックしないという人も多くいます。しかし、自分に関係ないと思うことでも、視野を広く持つことで、ベターな試験戦略を見つけることもできるのです。

PART 2

教養試験対策

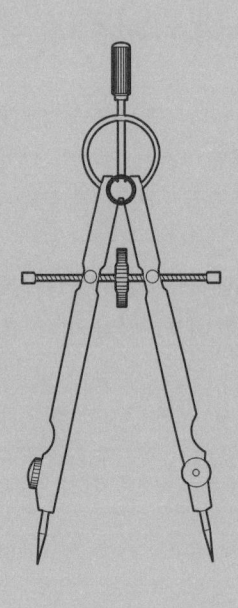

Chapter 2-1 教養試験の概要と学習法

（１）教養試験のアウトライン

　教養試験は，公務員試験において，最も「手ごわく」見える試験ではないかと思います。特に理系の学生の場合，大学で自分の専門についてはさまざまな勉強をしてきたでしょうが，教養試験に対応する科目はあまりなかったのではないかと思います。そこで，まずは教養試験がどのような試験なのかを紹介しましょう。

　教養試験は，ほとんどの試験において一次試験で課されています。その内容は，試験によって微妙な違いがありますが，大きく，「一般知能」分野と「一般知識」分野に分かれます。それぞれに含まれる科目は，

　　一般知能：文章理解，判断推理，数的推理，資料解釈
　　一般知識：自然科学，人文科学，社会科学，時事

となります。それぞれの科目については，後で詳しく見ていくことにしましょう。それにしても，範囲が広く，どこから手をつけてよいのかもなかなか難しそうですね。

　でも，ここであえて言っておきましょう。技術系公務員試験のポイントは，

　　教養試験を勉強しすぎないこと

なのです。

　根拠をいくつか挙げておきましょう。まず，配点です。公表されているもののうち，キリのよいものだけ取り上げてみました。次のようになります。

教養：専門	
教養の配点なし	大阪府（教養なし），相模原市（教養なし），大阪市（教養なし）
1：1	宮城県，山形県，栃木県，群馬県，埼玉県，千葉県，神奈川県，新潟県，山梨県，福井県，三重県，奈良県，島根県，香川県，長崎県，宮崎県，鹿児島県，沖縄県，横浜市，堺市，神戸市，福岡市など
1：1.5	国家総合職，青森県，秋田県，福島県，茨城県，静岡県，和歌山県，山口県，徳島県，高知県，福岡県，佐賀県，大分県，千葉市，静岡市，浜松市，名古屋市など
1：2	国家一般職，長野県，岐阜県，鳥取県など

※地方上級は，年度によって配点が変更される場合があるので，必ず最新の受験案内でチェックすること。

　実際には，素点で計算したり，偏差値化して合否判定したりとさまざまですので，単純に比較できない場合もありますが，全体として，教養と専門が同一配点か，**専門のほうが重視されている**ことがわかりますね。さらに，実際の点数を見てみましょう。次のデータは，過去の福島県の土木職のものです。

一次倍率	最終倍率	平均得点（素点）		合格者最高点（素点）		合格者最低点（素点）	
		教養	専門	教養	専門	教養	専門
1.5	1.8	19.35	16.35	28	31	14	11

※教養試験は50点満点，専門試験は40点満点。

　これは一例ですが，極端に点数が低いですね。ただし，

① **倍率が低い**
② **地方上級の問題は，国家Ⅱ種（国家一般職）の問題より難しい**

ことには注意してください。特に，近年の易しくなった国家Ⅱ種の過去問しか知らない人は，地方上級も同じだとは思わないほうがよいでしょう。また，おそらくこのデータの最低合格点は，教養と専門で別の受験者だと思われます。つまり，教養の合格最低点の人は専門で，専門の合格最低点の人は教養で点数を稼いだと考えられます。

　ここからわかることは，まず，専門試験の点数が案外低いことです。これは，地方上級の問題が，近年の国家Ⅱ種（国家一般職）よりもずっと難しいこ

とも要因の一つになっています。この点には注意してください。

ところが，最高得点は，専門試験のほうが高くなっています。最低得点と最高得点という2人の点数だけで判断するのはちょっと乱暴ですが，そもそも教養試験のほうが満点の点数も高いことを考えると，「教養試験では，専門試験よりも点数差がついていない」ということが想像できるでしょう。僕の実感としても，実は専門試験こそ差がついている，という印象があります。言い方を変えると，下位の点数はどちらもばらつきがあるとは思います。

しかし，教養試験は，「ある程度点数が取れるようになると，そこからなかなか点数が上がらなくなる」という特徴があります。理由は簡単で，教養試験は出題科目数が多く，特に知識科目では1科目につき1問のみの出題，というものも少なくありません。最初のうちは，判断推理や数的推理のように出題数の多い科目を鍛えることで，ある程度点数を伸ばすことができます。しかし，その段階を越えると，数点を取るために，1科目をまるまる勉強する必要が出てくるため，どうしてもコストパフォーマンスが悪くなってしまうのです。

これに比べると，専門試験は科目数が少ないため，1科目で出題される問題数が多くなる傾向があります。また，そもそも配点自体も高いわけですから，明らかに教養試験よりも学習の効率が高いといえます。専門試験については，大学で勉強していることも影響しています。また，同時に「専門試験は誰でもできる」「大学の勉強をしていれば解ける」というのも誤解だ，というのがわかりますね。もっと正確に言えば，「大学の勉強を理解していれば解ける」という点に反対はしないのですが，実際には，本当の意味で広い意味の専門分野をしっかりと理解している人は少ない，ということですね。ですから，きちんと試験対策をすれば，専門試験で容易に逆転できます。つまり，「大学の勉強を理解していれば解ける」＝「専門試験は対策しなくてもよい」「教養だけ学習すればよい」ということには決してならない，ということです。

いずれにしても，教養試験は，必要な点数を取るために，最初の段階の学習は大切なのですが，専門試験対策とのバランスを考える必要があるということです。

しかし，だからといって教養は無視してよい，というわけではありません。特に**判断推理，数的推理，文章理解は，早いうちから対策を考えていきましょ**う。教養試験で高得点を取って大きく差をつけることは難しいですが，一方で，学習が不足していれば，逆に点差をつけられてしまうことはありえます。

専門試験対策に集中するためにも，教養試験については，早い段階で必要な点数が取れるレベルに達しておきたいところです。重要なのは，そのレベルに達したら，一般知識にこだわりすぎないことです。理系の学生の場合，自然科学はよいですが，人文科学，社会科学については，ある程度の割り切りが必要です。もちろん，まったくやらなくてもいいというわけではありません。次の節で詳しく説明しますが，それなりの問題数があります。どこを学習して，どこを学習しないのか，という選択が必要だということです。

ところで，ときとして教養試験の比率が特に高くなる場合もあります。それは次の2つの場合です。

① 倍率が極端に高い場合（旧国家Ⅱ種の建築職，化学職，国家Ⅰ種の理工Ⅳなど）
② 専門試験の難易度が極めて低い場合（22・23年度国家Ⅰ種工Ⅰなど）

①の場合，たとえば，倍率が20倍を超えるようでは，もはやどこを捨てるとかいうレベルではありません。このような場合は，できる限りどこも手を抜かずに学習する必要があります。

②の例としては，たとえば近年の国家公務員試験ですね。さらに倍率が低い場合には，教養でも専門でもどちらでもよいので点数が取れれば，合格できてしまうのです。ただし，問題の難易度については，突然変わる場合がありますので，この場合にも，専門試験の勉強の手を抜かないほうがよいと思います。

以上を踏まえて，教養試験の方針をまとめると次のようになります。

- 〇 **教養は，早い段階で必要な点数が取れるレベルまで学習すること。**
- 〇 **そのために，早い段階から判断推理，数的推理，文章理解の対策をして，直前期に専門に集中できるようにすること。**
- 〇 **一般知識は科目を絞って集中的に学習すること。そして，ある程度は割り切ること。**

少しだけ補足すると，行政系の試験の場合は，専門試験も法律，経済，行政とそもそも分野が広く，教養試験以上に対策が難しいといえます。そのため，予備校のガイダンスなどを受けると，行政系と技術系では，教養・専門のバランス感覚がずれることがあります。行政系向けのガイダンスを向ける際は，この点には注意しておきましょう。私は，技術系の場合は，しっかりと対策すれ

ば，専門試験で高得点が取れるようにできている，と考えています。

（2）教養試験の出題科目

科目ごとのアドバイスに入る前に，各科目の出題数などについて簡単に見ていきましょう。ただし，地方上級については，さまざまな出題タイプがありますので，ここでは代表的なものだけを取り上げました。なお，出題科目・出題数は変更される場合もあります。

	一般知能分野		一般知識分野			
	文章理解	判断・数的	自然科学	人文科学	社会科学	時事
国家総合職（院卒者）	8	16	6			
国家総合職（大卒程度）	11	16	13			
（旧国家Ⅰ種）	10	12	10	12	8	3
国家一般職	11	16	13			
（旧国家Ⅱ種）	8	17	10	10	10	
地方上級（全国型）	8	15	7	7	13	
地方上級（関東型）	9	12	7	9	13	
地方上級（中・北型）	9	16	7	8	10	
東京都	8	16	4	3	4	5
特別区	7	15	12	6	6	6

※旧国家Ⅰ種，国家Ⅱ種の一般知識，特別区の一般知識は選択解答制。ほかは基本的に全問解答であるが，地方上級では選択解答の場合もある。
※時事は，「時事」「社会事情」などのように，科目として独立しているものをカウントしているが，地方上級では「社会」などで，例年，時事的内容の出題が多く見られる。

　まずは，自分の第一志望の試験を見て，どこで何点くらい取りたいのか，考えてみてください。合格に必要な点数は試験によって変わってきますが，「5割」が一つの目安になるでしょう。倍率の高い試験ではもっと（6～7割）取る必要があります。
　注目すべきは，国家総合職の一般知識分野の出題数の少なさです。この対策にあまり労力をかけるのは得策ではないですよね。
　なお，地方上級の教養試験は，自治体によって微妙に違いがあります。この表では，「全国型」「関東型」「中部・北陸型」の分類を掲載していますが，技術系の受験者にとっては，大きな違いがあるわけではありませんので，あまり気にすることはないでしょう。

Chapter 2-2 文章理解（英文）

　文章理解は，英文，現代文が中心となります。地方上級の一部では古文や漢文が入ることもありますが，最大でも1問ですし，対策が難しいことを考えると，技術系の受験者の場合は無視してもよいでしょう。

　出題数をまとめると次のようになります（変更になる場合もあります）。

	英文	現代文	古・漢文
国家総合職（大卒程度）		11	
国家総合職（院卒者）		8	
（旧国家Ⅰ種）	7	3	0
国家一般職		11	
（旧国家Ⅱ種）	3	5	0
地方上級（全国型）	4	3	1
東京都	4	4	0
特別区	3	4	0

　ここでは，まず英文を見ていきます。

　ほとんどが，内容把握の問題です。苦手意識を持っている人が多いかもしれません。しかし，この英文は，場合によっては「教養試験の得点を左右する」といってもよいような，**ポイントの科目**なのです。というのも，英文の問題は，問題間であまり難易度差がないのです。その結果，「解ける人は全問解け，解けない人は1問も解けない」という結果になる可能性があります。つまり，**実は大きな差がつく科目**なのです。

　特に，問題数が多い国家総合職では，英文が得意かどうかで，教養試験対策全般についても変わってきます。もし，英文が解けるのであれば，あとは判断・数的と自然科学を準備するだけでも，教養試験としては十分な点数になる

はずです。一方，英文がまったく解けないのであれば，解けるレベルまで対策をするのか，それとも，別の科目でそのぶんの点数をカバーするのか，考える必要があります。別の科目でカバーする場合，具体的には人文科学，社会科学の対策を十分にとる必要が出てきます。

　国家一般職，地方上級も似たようなことがいえます。しかも，従来の国家Ⅱ種の場合，英文の問題数が少ないため，それほど致命的な差にはなりませんでしたが，国家一般職では英文の割合が増えることも予想されます。

　そこで，ここでは，過去に出題された英単語をチェックしながら，自分の単語力のレベルを確認してみましょう。

　まず，国家一般職（23年度の国家Ⅱ種）の単語を見てみましょう。出題された英文から，基本的な単語と細かすぎる単語を取り除いて，レベルＡの単語（ポイントとなるレベルの単語），レベルＢの単語（やや難しい単語）に分類しました。なお，単語の意味は代表的なもの（あるいは本文で使われた意味）だけになっています。この表で単語を覚えるというよりは，**自分の単語力をチェックする**目的で使ってください。レベルＡの単語がわかっていれば，本文の内容はかなり読み取ることができると思います。レベルＢは英文が得意な人向けですね。

レベル A

approach	近づく	greet	挨拶する
atmosphere	雰囲気	heap	山，積み上げる
attitude	判断・態度	income	収入
behavior	ふるまい，行動	mine	鉱山
bleed	出血する	organ	器官
cave	洞窟	prison	刑務所
celebrate	祝う	prove	証明する
collapse	崩壊する	recognition	承認
commission	委任	regardless of	…にも関わらず
confident	確信する	release	解き放つ
crash	衝突する	rescue	救う
democratic	民主主義の	reveal	明らかにする
democratize	民主化する	seal	封鎖する
destiny	運命	settle	落ち着かせる
effort	努力	strategy	戦略
emerge	現れる	struggle	もがく，争う
emphasis	強調	surface	表面
encourage	励ます	survey	調査
equipment	装置，装備	symptom	兆候
establish	設立する	treatment	取り扱い，治療
factor	要因	twist	ねじる
fluid	流体	victim	犠牲者
gap	隙間，隔たり	virus	ウィルス

レベル B

batter	乱打する	participation	参加
boost	増加する	predicament	困難
cram	詰め込む	pry	のぞき込む
inequality	不平等	stagger	よろめく
mob	群れ，群がる	tilt	傾ける
mortality	死亡者数	transmit	伝染させる
outbreak	発生	tremendously	ものすごく

続いて，国家総合職（国家Ⅰ種）です。

レベル A

	associate with	結びつける	guarantee	保証
	authority	権威	guard	守る
	ban	禁止	inform	知らせる
	be bound by	強制されている	install	設置する
	bear	持つ	justice	判事
	beneath	下に	landscape	景色
	besides	加えて	massive	大量の
	budget	予算	monitor	監視する
	burst out	湧き出る	occupy	占有する
	compete	競争する	opportunity	機会
	component	部品	passage	通過
	the Congress	（米）国会	preparation	準備
	consequence	結果	prohibit	禁止
	conservative	保守的な	pump	水をくみ出す
	contract	契約	pursue	追究する
	deficit	不足	rapid	速い
	definite	一定の，明確な	recognize	認める
	delicate	こわれやすい	resident	住民
	depression	不景気	reveal	明らかにする
	deserve	値する	revenue	収入
	disorder	無秩序	reward	報酬
	drain	流し出す	so far	今のところでは
	eliminate	除去する	spot	見つける
	equivalent to	相当する	strategy	戦略
	era	時代	strict	厳しい
	eventually	ゆくゆくは	Supreme Court	最高裁判所
	evolution	進化	sustainable	維持できる
	expose	さらす	track	跡，追跡する
	feature	特色とする	trap	閉じ込められる
	federal	連邦の	tribe	種族
	flood	洪水	vary	異なる
	genetic	遺伝子の	visible	目に見える

レベル B

	ample	広い		incorporate	組み入れる
	carry on	続行する		integrity	誠実さ
	catastrophe	大災害		layoff	解雇
	colleague	同僚		legislature	立法府
	cradle	ゆりかご		migrate	移住する
	defer	延期する		outright	完全な
	denial	否定		perseverance	忍耐
	descent	血統		precaution	警戒
	devastate	荒廃させる		protective	保護する
	dissent	反対意見を述べる		reformer	改革者
	diversity	多様性		regulate	規制する
	duration	継続		relieve	軽減する
	dwindle	衰える		retain	保つ
	encompass	取り囲まれる		rite	儀式
	ethnic	民族の		run out	尽きる
	evacuate	避難させる		snare	罠にかける
	foe	敵		soar	急上昇する
	gene	遺伝		spear	槍で突く, 槍
	geographic	地理的な		sprawl	不規則に広がる
	glacier	氷河		stimulus	刺激
	habitat	住宅		subordinate	下位の
	hand down	伝える		vaguely	ぼんやりと
	immense	巨大な		warrior	戦士
	imminent	切迫した		weed	取り除く
	implication	暗示するもの			

いかがでしたか。

レベルAの単語がだいたいわかっていれば，問題演習を重ねていけば大丈夫でしょう。半分程度しかわからなかった，という人は大学受験レベルの英単語集で語彙を増やすといった対策が必要になります。まったく太刀打ちできないという人は，ほかの科目で挽回することも考えましょう（後述）。

では，続いて，実際の英文の問題を見てみることにしましょう。

ここで大切なことは，次のことです。

○ 自分の現在の英語力で，問題が解けるのか，解けないのかをチェックすることが目的。
○ 解ける場合にも，解くために必要な時間をチェックすること。

解けるか解けないかを知ることで，英語を対策するのかしないのかがはっきりします。具体的には，繰り返しになる部分もありますが，

① 余裕で解くことができる → 特に対策は必要としない（ただし，時間はチェックすること）
② 何とか解くことができる，もう少しで解ける → 読む練習を十分にすること
③ まったく太刀打ちできない → ほかの科目で挽回することを考えること

となります。

ただ，英文の場合，特に国家総合職では，夢中になりすぎて時間が足りなくなる場合があります。その点にはよく注意して，事前に模擬試験などで時間を決めておくとよいでしょう。たとえば，僕が学生のときには，「試験開始後から1時間半経過したときから，30分間で読めるだけ読む」と決めていました。

では，まず国家Ⅱ種（国家一般職）の問題を見てみましょう。地方上級も似たようなレベルと考えてよいです。23年度の問題は3問で，そのうち2問が内容把握でした。内容把握の問題は，いずれも300語程度の問題文でした。ただし，年によっては，3問すべて内容把握のときもありました。

ここでは，あまり硬い文章でも疲れてしまいますので，割と読みやすい問題を選んでおきました。時間を計ってチャレンジしてみてください。

最優先テーマ 1 英文

典型問題　内容把握　　　国家Ⅱ種・22年度

次の文の内容と合致するものとして最も妥当なのはどれか。

Despite its mercurial[*1] nature, however, the house cat is the most popular pet in the world. A third of American households have feline[*2] members, and more than 600 million cats live among humans worldwide. Yet as familiar as these creatures are, a complete understanding of their origins has proved elusive[*3]. Whereas other once wild animals were domesticated for their milk, meat, wool or servile labor, cats contribute virtually nothing in the way of sustenance or work to human endeavor. How, then, did they become commonplace fixtures in our homes?

Scholars long believed that the ancient Egyptians were the first to keep cats as pets, starting around 3,600 years ago. But genetic and archaeological discoveries made over the past five years have revised this scenario — and have generated fresh insights into both the ancestry of the house cat and how its relationship with humans evolved.

《中略》

In 2004 Jean-Denis Vigne of the National Museum of Natural History in Paris and his colleagues reported unearthing[*4] the earliest evidence suggestive of humans keeping cats as pets. The discovery comes from the Mediterranean island of Cyprus, where 9,500 years ago an adult human of unknown gender was laid to rest in a shallow grave. An assortment of items accompanied the body — stone tools, a lump of iron oxide, a handful of seashells and, in its own tiny grave just 40 centimeters away, an eight-month-old cat, its body oriented in the same westward direction as the human's.

Because cats are not native to most Mediterranean islands, we know that people must have brought them over by boat, probably from the adjacent Levantine coast. Together the transport of cats to the island and the burial of the human with a cat indicate that people had a special, intentional relationship with cats nearly 10,000 years ago in the Middle East.　This locale is consistent with the geographic origin we arrived at through our genetic analyses.

　　　（注）＊１　mercurial：きまぐれな　＊２　feline：ネコ科の
　　　　　　＊３　elusive：とらえどころのない　＊４　unearth：発見する

1　ネコはアメリカ合衆国で人気の高いペットで，同国で世界中の飼いネコの３分の１が飼われている。
2　人類がネコを飼い始めた理由は，穀物庫に侵入するネズミを捕まえさせるためであった。
3　パリにある国立自然史博物館の調査によると，ネコが飼われ始めたのは，3,600年前のエジプトであった。
4　ネコはその他の家畜と違って，生計に対しては実質的に何も貢献していない。
5　遺伝子分析によって，地中海の島々がネコの原産地であることが判明した。

解説は，次の総合職（国家Ⅰ種）の問題の後で。

次に国家総合職です。23年度の国家Ⅰ種では，６問が内容把握，１問が文章整序でした。６問の内容把握は，文章の内容もさることながら，問題文の長さにバリエーションがありました。具体的には，最も短いもので約200語，最も長いもので約400語でした。ここでは，最も長い問題を用意しました。では，時間を計って，解いてみてください。

| 典型問題 | 内容把握 | 国家Ⅰ種・23年度 |

次の文の内容と合致するものとして最も妥当なのはどれか。

Engineers in France have started work to drain an immense lake that has built up under an Alpine glacier on Mont Blanc, an attempt to prevent a repeat of a flood that killed 175 people more than 100 years ago.

Specialists are drilling into the glacier as part of preparations to slowly pump out the 65,000 cubic meters of liquid believed trapped beneath the Tete Rousse glacier. The amount of water is equivalent to about 26 Olympic-sized swimming pools.

So far, the delicate, nearly euro2 million operation in the area well-known for its climbing and skiing is going smoothly, and pumping is expected to start imminently and last until October.

"The town didn't want to wait for a catastrophe — we are taking action to prevent one," said the mayor, whose spa town of 3,000 people would likely be in the flood path were the water to burst out.

The glacier is situated 3,200 meters up Mont Blanc, and is on the most popular paths for climbers scaling Western Europe's highest peak.

Scientists studying the glacier informed local authorities about the trapped water in March. Since then, officials have shut down part of a tram route used by Mont Blanc climbers and installed an alarm system in case of flooding. If it goes off, residents have between 10 to 30 minutes to evacuate.

Despite the precautions, officials and scientists say the glacier is unpredictable. In a letter posted on the town's Web site, the mayor wrote: "Nobody can say the risk is imminent, and nobody can say there's no risk, either."

Water from the glacier has devastated the valley before. In 1892, flood waters burst from the buried lake, killing 175 people. The amount of water currently believed trapped is comparable to what caused the 19th century flood.

When pumping starts, it will relieve pressure inside the glacier. Once they take out the first few dozen cubic meters (of liquid), that doesn't mean there will be zero risk, but there won't be at all the same level of stress that there is today.

　Switzerland-based glacier expert Martin Funk, who is not working on the project, called the Tete Rousse glacier "a special case."

　"There are very special conditions in that the water is trapped in the glacier and doesn't flow out as it usually does.　This is certainly not a direct consequence of global warming," said Funk.

1　この100年間で，Tete Rousse 氷河の崩壊によって亡くなった人は175人にのぼる。
2　市長は，Tete Rousse 氷河の今後の動向は予測不能だが，崩落の危険が差し迫っていると警告している。
3　現在 Tete Rousse 氷河の下にある水の総量は，19世紀の災害時とは比べものにならないほど多い。
4　Tete Rousse 氷河の下にある水のくみ上げが始まれば，リスクがゼロになるわけではないが，氷河への負担は軽減される。
5　Tete Rousse 氷河の下に湖が形成されたことは，地球温暖化と深く関係している。

ここがポイント！　選択肢にある記述を見つける！

　では，それぞれの問題について，簡単に解説しましょう。

　まず，最初の国家Ⅱ種の問題です。正答は4です。難易度は高くありませんが，選択肢が必ずしも本文の上から順に並べられていないところが珍しいですね。英文は，選択肢にひねりがあまりありませんので，選択肢に書かれているところを見つけて，そこを訳す形で解いていくことになるでしょう。もちろん，実力に余裕のある人は，一気に英文を最後まで読んでしまってもいいでしょう。

　選択肢1は，「3分の1」という記述が2行目に見えています。数字が入る選択肢は探しやすいですね。ここは，「A third of American households」という記述が，「アメリカの持ち家世帯の3分の1」という意味であり，「世界の飼い猫の3分の1」ではないことに気付けば，間違いだとわかります。

2は，正答の**4**と同じ場所といってよいでしょう。第1段落の下から3行目「cats contribute virtually nothing」が「ネコは実質的に何ら貢献をしていない」が選択肢と合いません。また，ネコのペットとしての起源の話は，その後も最後まで続いていきますが，穀物庫のネズミの話は出てきません。

　3も，選択肢の「3,600年前」という単語を探すことになります。これは，確かに第2段落の1文目に見えていますが……。中略の後の第3段落に「9,500年前」とあるのもすぐに目に入ります。実際，第2段落では，最初に「学者は，3,600年ほど前あたりの古代エジプトがペットとしての飼い猫の最初だと長く信じていた」と書いているのですが，2文目で，「しかし，ここ5年間の遺伝子学的，そして考古学的な発見によって，この話は書き換えられてきている」とあっさり否定されています。実際，中略以下を見れば，完全に訳せなくても，9,500年間のキプロスで，ペットらしきネコの跡が見つかっていることが書かれていますね。

　4は正答です。**2**で挙げた一文がそのまま正解で，わかりやすいですね。

　5は最終段落の最初にあります。「Because cats are not native to most Mediterranean islands,」が「ほとんどの地中海の島々は，ネコの原産地ではないので」とはっきりと否定しています。

　この問題は，数字が多く出てきていますが，これが選択肢の書かれている場所をはっきりと教えてくれているのが特徴で，これに気づけばすぐに選択肢を検討できます。とはいえ，正答の選択肢が割とはっきり書かれていますね。

　次に，国家Ⅰ種の問題です。正答は**4**です。念のため，一つ一つ確認してみましょう。

　1は175人という数字がありますが，これは第1段落にありますね。「a repeat of a flood that killed 175 people more than 100 years ago」となっていますので，この100年間ではなく，100年以上前のことですね。ちなみに，最後から4つ目の段落にも同じ数字が書かれていて，1892年のことだとありますね。

　2は，「市長」がキーワードですね。市長（＝「mayor」）が登場するのは第4段落ですね。さらに，第7段落にも登場します。ここでは第7段落に書いてあります。「Nobody can say the risk is imminent, and nobody can say there's no risk, either.」ですね，「危険が切迫しているとは誰もいうことができないが，しかし，まったく危険がないということもできない」とありますので，間違っ

ています。imminent はやや難しい単語かもしれませんが，ほかの部分から意味が類推できますね。

　3では，水の総量が「the amount of water」ですので，これを探すことになります。1にも出てきた最後から4つ目の段落にそのままあります。「comparable to」とありますので「匹敵する」であって，比べものにならないほど多い」ではありません。

　4は正答です。最後から3段落目に「there will be zero risk」という部分があります。ここに同じことが書かれています。

　5は，最終段落にありますね。いかにもという選択肢ですが，まさに最後の文「This is certainly not a direct consequence of global warming,」に温暖化の直接の結果ではない，とありますね。

　以上です。どうでしたか？　「できる」「できない」ということだけでなく，何分くらいかかったかといったことも考えて，本試験でどうするのかという目安にしてください。

　国家一般職では，かかった時間を4〜5倍，総合職では7〜8倍すれば，だいたい英文を全部解くのに必要な時間がわかります。(問題数は変わる可能性があります)。後は，ほかの科目とのバランスを考えて，英文に何分かけて何問解くのか，計画を立ててみてください。

Chapter 2-3 文章理解（現代文）

　現代文は，要旨把握や内容把握（本文の内容と一致するものを選ぶ）の問題がほとんどですが，選択肢を並び替える文章整序や空欄補充の問題も出題されます。

　対策をしなくても，ある程度の点数は期待できますが，**確実に点数にするためには，コツが必要**です。とはいえ，それを自分自身の力だけで見つけたり，過去問演習だけで身につけることは難しいと思います。自分が受験する試験の問題数を調べてみて，少ないようなら対策をしないという手もありますが，対策する場合には予備校の講義や問題集などを参考にするほうがよいでしょう。出題数は文章理解（英文）のところに載せましたので参照してください。

最優先テーマ 2　現代文

典型問題　要旨把握　　　　　　　　　　　　　　　　　　特別区・19年度

　次の文の主旨として，最も妥当なのはどれか。

　ふだん，私たちはよく，会話の中で，「われわれは社会の中で生きているのだ」とか，「社会の壁は厚いよ」とか，「社会も変わったものだ」とか，「君も，これからは，社会の荒波を乗り切っていかなければならないよ」といったことを口にする。そして，そのとき，このようなことを口にする人も，それを聞いている人も，あたかも「社会」という実体がわれわれ人間とは別に存在するかのように考えているし，実体としての社会があることをとりわけ不思議とも考えてはいない。また，私たちは，「子どもが変わったのは社会が変わったからだ」とか，「このような社会では人類

は生きていけない」と言い，だから，「早急に社会を変えなければならない」などとも言う。そのときも，そう言い，それを聞くわれわれが頭の中で思い浮かべているのは，社会の仕組みだとか，組織や制度や法律だとか，教育の内容だとかであって，個々の人間を思い浮かべてはいない。

　しかし，少し冷静になって考えてみれば，社会という実体が，人間と離れて存在してはいないことにすぐ気がつくはずである。ここにこういう社会があるとか，あそこにああいう社会があるといって指し示してみせられる社会などはないのである。社会が実体として存在するとしたら，それは生きて生活している人間そのものであって，人間以外に社会の実体をなすものはない。社会の実体であるかのように思い込んでいる組織とか制度とか法律なども，人間が社会生活を営む過程で，社会生活を円滑にするための便宜として，暫定的に作った作り物や作り事であって，われわれ生きている人間と離れて，客観的に存在しているものではない。だから，制度や法律などは，われわれが生活していく上で不要と考えたら，いつでもなくせるものであり，不都合なら，いつでも都合のいいものに変えることができるものなのである。社会について考える場合，まず，このことをしっかり頭の中に入れてほしいと思う。

（門脇厚司「子どもの社会力」による）

1　私たちは，「社会」という実体がわれわれ人間とは別に存在するかのように考え，実体としての社会があることをとりわけ不思議とも考えてはいない。
2　私たちは，「早急に社会を変えなければならない」などと言うとき，社会の仕組みだとかを思い浮かべ，個々の人間を思い浮かべてはいない。
3　社会が実体として存在するとしたら，それは生きて生活している人間そのものであって，人間以外に社会の実体をなすものはない。
4　組織とか制度とか法律などは，われわれ生きている人間と離れて，客観的に存在しているものではない。
5　制度や法律などは，われわれが生活していく上で不要と考えたら，いつでもなくすことができ，都合のいいものに変えることができる。

> **ここがポイント！** 主張を素早く見つける！

　第2段落の第1文が逆接をともなっており，主張であることがわかります。つまり，「社会は人間と離れて存在していない」というところが含まれていないといけません。そのため，**1**，**2**のように，「社会を考えるときに個々の人間を思い浮かべていない」という記述は，筆者の主張とはまったく逆で不適です。

　一方，**3**，**4**，**5**はいずれも第2段落に書かれているため，判断が難しいかもしれません（しかもいずれも本文に書かれています）。しかし，この本文の主題を考えてみると，第1段落，第2段落とも「社会」について書かれていて，「組織や制度や法律」は社会の具体例として出されていることに気がつきます。ところが，**4**，**5**は，組織，制度，法律が主語となっていて社会が主語となっていませんので，主張としては不適です。したがって，社会について書かれている**3**が正答となります。

　現代文は，どう解いてよいのか論理的に決まった手順がなく，そのため，たとえば数的推理の公式のように，「これで絶対」という方法はありません。そのため，無対策のまま本番を迎える人も少なくないでしょう。しかし，正答率を上げるためには，それなりに解き方を意識していかなければなりません。現代文では，要旨把握の問題と，内容把握の問題が多く出題されていますが，まずは要旨把握の問題を意識して練習するとよいでしょう。国家公務員試験の内容把握の問題も，その多くが，要旨把握に近い形で正答が作られています。要旨把握といっても，公務員試験の場合，ほとんど筆者の主張に近いところを探すことになります。

　ところで，もともと論説文というのは，何かを主張するために書かれています。ですので，本来，主張はすぐわかるように書かれているはずなのです。それが難しい問題になるのは，一部のみが引用されるからにすぎません。

　さて，それはともかく，今，「主張はすぐわかる」といいましたが，それはなぜでしょう。それは，**それが主張だとわかる合図，書き方，というのがある**からです。

　たとえば，「しかし」「だが」のような逆接を使うと，その後の文章が強調されるため，主張を導くときに多用されます。今回の問題でもそうですね。ま

た，少し高度ですが，あえて疑問文を使うことで反語として強調することも可能です。たとえば「地球の未来を考えるときに，今ある自然を次々と破壊していくことはよいことでしょうか。」という疑問文は，本当の意味の疑問文ではなく，読者に「No」と言わせるために疑問文で書かれただけです。このように，正答には，「これ」が使われていたから主張だとわかる，キーワードのようなものがあるのです。

　要旨把握の問題を解くときには，正答を見て答えを確認するだけではなく，**なぜ本文中のその場所が「主張」だと出題者が考えたのか，その根拠となった単語は何なのか**，ということを考えてみると，文章理解の実力がついていきます。

Chapter 2-4 判断推理

最優先テーマ 3 対応関係

典型問題　対応関係の基本問題
地方上級・23年度

A～Eの5人は，同じ飲食施設の料理担当者である。ある週において，月曜日から金曜日までの間に，5人は昼と夜にそれぞれ4回ずつ料理を担当した。次のア～オのことがわかっているとき，正しいものはどれか。

ア　5人が担当したのは，昼は刺身と煮物，夜は刺身と天ぷらであり，刺身は昼と夜で同一の者が担当し，煮物と天ぷらは別々の者が担当した。

イ　Aは火曜日に刺身，水曜日に煮物を担当した。

ウ　Bが担当するとき，一緒になったのはAとCだけであった。

エ　Cが昼を担当したのは木曜日だけで，このときEと一緒であった。

オ　Dは3日間連続して担当したが，天ぷらは担当しなかった。

1　Aは月曜日に担当した。
2　Bは3種類とも担当した。
3　Cは火曜日に担当した。
4　Dは月曜日に刺身を担当した。
5　Eは1回だけ天ぷらを担当した。

ここがポイント！ わかりやすい表にまとめる！

まず，条件を表にまとめます。刺身は同じ人が担当するので，これがわかりやすいように表を配置して，はっきりしているイの条件を入れました。

	月	火	水	木	金	
煮物			A			
刺身		A				
刺身		A				
天ぷら						Dは×

　さて，ここが本問の最大のポイントです。ここで手が止まってしまいますが，先へ進むために，考えられる場合を試してみましょう。そのために，できるだけ，考えられる場合を少なくできる条件を見ていきます。具体的な条件はウ，エ，オなのですが，ウは今のところCについて何もわかっていないので，少し使いにくいですね。そこで，エかオとなります。どちらに注目すれば早く解けるのか，というのは実際にやってみないとわからないのですが，ここでは，「木曜日」と曜日が限定されているので，エを考えてみましょう。Cが担当した木曜の昼は，煮物か刺身です。そこで，この2通りを考えます。

① Cの木曜昼が煮物のとき

　Eが木曜の刺身の担当になりますね。ここで，次のとおりとなります。

	月	火	水	木	金	
煮物			A	C		
刺身		A		E		
刺身		A		E		
天ぷら						Dは×

　次に，条件オを考えると，Dは3日連続の担当となりますが，それは，月，火，水しかないですね。というのも，Dは木曜日の天ぷらを担当できないため，結局Dは木曜日に担当できないからです。しかも，火曜は煮物しかありませんので，4回担当するためには，月曜は煮物，水曜は刺身になります。

	月	火	水	木	金	
煮物	D	D	A	C		
刺身		A	D	E		
刺身		A	D	E		
天ぷら						Dは×

最後に残ったのがウの条件です。BはAとCと一緒に担当しなければいけませんので，Bの入れないところに仮に×を付けてみましょう。

	月	火	水	木	金	
煮物	D	D	A	C		
刺身	×	A	D	E		
刺身	×	A	D	E		
天ぷら			×	×		Dは×

こうなると，もうBは「月曜の天ぷら」「火曜の天ぷら」「金曜の刺身」を担当するしかありません。しかし，月曜の刺身の担当がAだとすると，Aの担当が5回あることになりますし，Cは木曜以外は昼には担当しませんので，結局この場合はだめですね。

② Cの木曜昼が刺身のとき

	月	火	水	木	金	
煮物			A	E		
刺身		A		C		
刺身		A		C		
天ぷら						Dは×

ここでも，3日連続でDがいつ担当するのか考えてみましょう。天ぷらがだめなのですから，木曜はだめですね。そうだとすると，月曜からの3日連続しかありません。そして，火曜は煮物の担当しか空いていませんので，月曜，火曜が煮物，水曜が刺身だとわかります。

	月	火	水	木	金	
煮物	D	D	A	E		
刺身		A	D	C		
刺身		A	D	C		
天ぷら						Dは×

さらに，①と同じように，Bの担当できないところに×を付けてみましょう。

	月	火	水	木	金	
煮物	D	D	A	E		
刺身	×	A	D	C		
刺身	×	A	D	C		
天ぷら			×			Dは×

①と同じように,月曜の刺身は,AもCも担当できません(Aが担当すると担当が5回になってしまいますし,Cは木曜以外の昼は担当しません)。しかし,今度は,「火曜天ぷら」「木曜天ぷら」「金曜刺身」とBが担当すればよさそうです。Cが金曜の昼を担当できないため,金曜の煮物はA,天ぷらがCとなればいいですね。残ったところは,月曜の天ぷらがC,月曜の刺身と水曜の天ぷらがEだとわかります。

	月	火	水	木	金	
煮物	D	D	A	E	A	
刺身	E	A	D	C	B	
刺身	E	A	D	C	B	
天ぷら	C	B	E	B	C	Dは×

ここで選択肢を見れば,Eは1回だけ天ぷらを担当していますので,正答は**5**ですね。

この問題は地方上級の23年度の問題で,難易度としては高いほうに入ります。うまい解法があるわけではありませんが(都合よく選択肢を見る方法は別として),実際に,「差がつく」難易度の判断推理の問題を経験してもらいたい,ということで紹介しました。こうしてみると,

① 表を書く
② 場合分けをする
③ 条件を忘れずに見渡す

という3つの作業の繰返しで解いていることに気づくかと思います。

なお,判断推理は出題数が多く,ほかにも重要なテーマがたくさんありますので,115ページのコラムで紹介している問題集などを使って,しっかり準備してください。

| 典型問題 | 特殊性に注目する問題 | 国家Ⅱ種・16年度 |

A〜Fの6人が1〜6の数字が書かれたカードを1枚ずつ引き，2人ずつペアになってカードを見せ合い，書かれた数の大きい方を勝ちとするゲームを2回行ったところ，全員1勝1敗という結果となった。

表は各々が引いたカードの数を示しており，1回目と2回目の対戦相手の組合せはすべて異なるものとすると，その点差が2点であったゲームは全部で何試合あったか。

	1回目	2回目
A	6	3
B	5	5
C	4	6
D	3	1
E	2	2
F	1	4

1　なし
2　1試合
3　2試合
4　3試合
5　4試合

ここがポイント！ 特殊な条件を見つける！

誰と誰が対戦したのかまったくわからない，不思議な問題ですが，とりあえず，6を出せば勝ちですし，1を出せば負けですので，ここだけは勝敗がわかりますね。さらに，全員が1勝1敗ですから，A，C，D，Fの勝敗はわかります。

	1回目		2回目	
A	6	○	3	×
B	5		5	
C	4	×	6	○
D	3	○	1	×
E	2		2	
F	1	×	4	○

　さて，ここで注目したいのが，「特殊性」というキーワードです。一見条件が足りず，解けないように見える問題が，なぜ解けるのでしょう？　その一つの答えの可能性が「特殊な条件が使われているから」，すなわち「特殊性」なのです。たとえば，3つのさいころを投げて，その和が10になる場合，となると数多くあります。しかし，これが，「和が17」となると，もはや「5，6，6」の組合せしかありません。違いは数字だけなのですが，17という数字が極端に大きいため，場合の数が少ないのですね。

　そう思ってみると，2回とも5を出したBの1勝1敗や，2回とも2を出したEの1勝1敗はどうですか？　Bは5を出して負けるというのはかなり不運です。Eは2で勝てるのは幸運ですね。と思えば，この問題の注目点が見えてきます。そこで，Bがどちらの試合で勝ったのかで，場合分けしましょう。

① **Bが1試合目に勝った場合**
　1試合目も2試合目も6人で合計3勝3敗になるため，Eは1試合目に負けます。つまり，2回目にBが負けたのは6を出したCに対してであり，逆にEが2試合目に勝ったのは，1を出したDに対してです。したがって，2回目の対戦は次のように決まります。

	1回目		2回目	
A	6	○	3	×
B	5	○	5	×
C	4	×	6	○
D	3	○	1	×
E	2	×	2	○
F	1	×	4	○

次に1回目を考えます。まず，Dの勝った相手を考えると，1回目と2回目の対戦相手が異なるため，Fということになります。また，逆にCが負けた相手を考えると，これも2回目と対戦相手が異なるため，Aということになります。これで対戦は次のようにすべて決まります。

	1回目	2回目
A	6 ○	3 ×
B	5 ○	5 ×
C	4 ×	6 ○
D	3 ○	1 ×
E	2 ×	2 ○
F	1 ×	4 ○

これより，点差が2点なのは，1回目のA対CとD対Fの2試合と決まります。

② **Bが1試合目に負けた場合**

①と同じように，1回目にBが負けた相手がA，1回目にEが勝った相手がFとなりますが，このとき，DがCに勝つことになるため，矛盾しますね。

	1回目	2回目
A	6 ○	3 ×
B	5 ×	5 ○
C	4 ×	6 ○
D	3 ○	1 ×
E	2 ○	2 ×
F	1 ×	4 ○

これより，正答は**3**とわかります。

ここで強調したかったのは，問題を解くときの視点です。本問を簡単に解説すれば，「5が負ける相手は6のみ，2が勝つ相手は1のみ」という，言われてみれば当然のことを指摘すれば十分で，本問はここがポイントになります。しかし，なぜそれに気づいたのでしょうか？　これこそが「特殊性」という視点なのです。特に，ある程度難しい問題になると，条件を少なくするために特

殊性が多用される場合があります。こうした視点を持つことで，より多くの問題を正答することができます。

> **典型問題** **特殊性・対称性に注目する問題** 国家Ⅰ種・14年度
>
> A〜Eの5人は一緒に海外旅行に行く計画を立てている。イギリス，イタリア，ドイツ，フランスの4か国のうち1か国のみを訪れることとしている。旅行先を決定するため，A〜Eのそれぞれは，各国を最も望ましい候補地から最も望ましくない候補地までの4ランクに順位付けした。次の表はその順位付けの一部である。
>
> | | A | B | C | D | E |
> |---|---|---|---|---|---|
> | 第1位 | イタリア | | | | |
> | 第2位 | | | | | |
> | 第3位 | | | | ドイツ | |
> | 第4位 | | | | | ドイツ |
>
> ここで旅行先を決定するために，㋐方式と㋑方式の2通りの方式で集計したところ，それぞれ次のような結果が得られた。
>
> ㋐：各人が第1位に挙げた候補地の数を集計したところ，イタリアが単独で最も多く，フランスだけが誰からも第1位に挙げられなかった。
>
> ㋑：各人の第1位から第4位までの候補地に順に3点，2点，1点，0点を付け，次に各候補地ごとに各人が付けた点数を合計したところ，フランスが単独で最高得点を得た。
>
> このとき，確実にいえるのはどれか。
>
> 1 ㋑方式ではイギリスが最も得点が低かった。
> 2 第4位としてドイツを挙げた人が一番多かった。
> 3 フランスとドイツを比較したとき，フランスの方を上位に挙げた人は3人だった。
> 4 イギリスとドイツを比較したとき，イギリスの方を上位に挙げた人は3人以上だった。
> 5 B，Cのうち少なくとも1人はイタリアを第4位に挙げた。

ここがポイント！　対称性に気づこう！

　この問題は，条件がかなり少ないこともあり，最初の段階で手が止まる人も少なくないでしょう。場合分け，というのも最初からでは厳しいように思われます。ところが，ここでよく㋐，㋑を比べてみてください。何かおかしいことに気づきませんか？　㋐方式では，フランスを１位にした人はいなかった，と言っているのに，㋑方式ではフランスが単独首位なのです。こんな場合ってよほど特別でないと起きないのではないでしょうか？　それはどんな場合でしょう。

　まず，フランスの点数はありったけ大きかったはずです。最大では全員が２位に挙げた場合の２×５＝10点ですね。ところが一方で，イタリアは単独で１位の数が最大でした。１位に挙げた人が４人いるとそれだけで合計12点になって，フランスを超えてしまいます。ですので，イタリアを１位に挙げたのは２人か３人です。２人だとすると，残る３人のうち２人はイギリスかドイツを挙げますから，㋐方式でのイタリアの単独１位はありえません。ですので，３人がイタリアを１位に挙げたことになります。同時に，残る２人がイギリスとドイツを１位に挙げたことがわかります。これで推論が進みました。

　つまり，今回の問題では，「１位が単独で多かったイタリアが，点数制では１位ではない」という珍しい事情があったので，推論が進んだのです。ここでも，前の項目で挙げた「特殊性」が出てきました。

　さて，これを表に書き込んでいきましょう。そうすると，もう１つの側面が見えてきます。D，Eはドイツを３，４位にしていますので，ドイツを１位にしたのはBかCです。

　ところが，よく問題を読むと，BとCを区別する条件がまったくありません（A，D，Eは違っていますね）。ということは，Bがドイツの場合とCがドイツの場合を場合分けしようとしても，結局BとCを逆にしただけの答えが出てきてしまうはずです。つまり，BとCは条件対等＝対称ですから，場合分けをしたところで同じ答えが出てきてしまうのです。これを「対称性」といいます。このような場合，２つの場合を分けるのは面倒ですので，どちらか好きなほうに決めてしまいましょう。そして，最後にBとCを逆にした答えも入れればいいのです。

　ここでは，Bをドイツとしてしまいましょう。これで次のようになります。

	A	B	C	D	E
第1位	イタリア	ドイツ			
第2位	フランス	フランス	フランス	フランス	フランス
第3位				ドイツ	
第4位					ドイツ

　さて，後は場合分けです。わかっているのはイタリアですが，イタリアは3人が1位でこの時点で9点ですから，10点のフランスが①方式で単独首位となるためには，残り2人は最下位でないといけませんね。つまり，イタリアは，1位3人，4位2人なのです。これより，Bは4位，Eは1位に挙げたことがわかります。あとは，イタリアを4位に挙げたのがCかDかで場合分けをしていきましょう。

　結果として，次の場合が出てきます。BとCは逆でもいいことを強調しました。

	A	B or C	B or C	D	E
第1位	イタリア	ドイツ	イタリア	イギリス	イタリア
第2位	フランス	フランス	フランス	フランス	フランス
第3位		イギリス		ドイツ	イギリス
第4位		イタリア		イタリア	ドイツ

	A	B or C	B or C	D	E
第1位	イタリア	ドイツ	イギリス	イタリア	イタリア
第2位	フランス	フランス	フランス	フランス	フランス
第3位		イギリス	ドイツ	ドイツ	イギリス
第4位		イタリア	イタリア	イギリス	ドイツ

正答は**5**ですね。

　ここまで，判断推理の項目では，個々のテクニックというよりは，やや難しい問題を解くときの基礎となる考え方を紹介しました。手が止まったときに，最終的に場合分けを行うことは確かなのですが，

　○　**特殊性**（条件がめったに起こらない珍しい場合になっている）
　○　**対称性**

という視点を持って問題文を眺めるようにしてみるといいでしょう。そうすると，場合によっては，問題が急に易しく見えるかもしれません。

Chapter 2-5 判断推理（空間把握）

最優先テーマ 4　立体図形

典型問題　位相図　　　　　　　　　　　　　　　　　国家Ⅱ種・17年度

厚紙で組み立てられた立方体がある。その各辺の中央に●，▲，◎の模様のシールのいずれかを1枚ずつ貼った。その後，図のように二つの面を残し，他の面を切り離した。A〜Eのうち，4枚は切り離された面であるが，その4枚として妥当でないのはどれか。

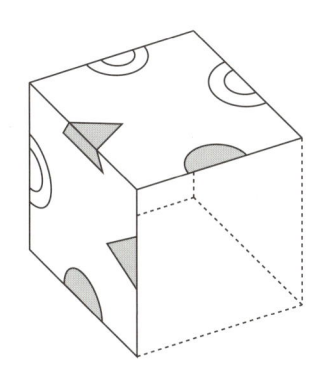

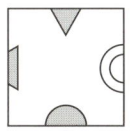

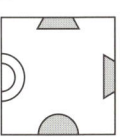

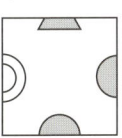

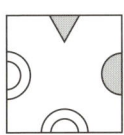

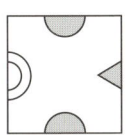

A　B　C　D　E

1　A
2　B
3　C
4　D
5　E

ここがポイント！ 位相図を描いてみる！

　位相図を使って描いてみます。見える2面をもとに描いてみると次の左図のようになります。ここで◎が2つ使われているものはDしかありませんので，左側の面はDとわかります。この時点で右図となります。ここで右側面についてはBとCの，上側面については，AとEのそれぞれ2つの可能性がありますので，場合分けをして考えてみましょう。

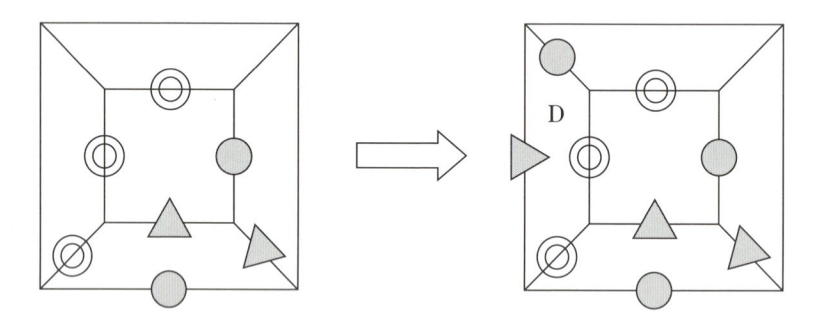

① **右側面がBのとき**

　次の図のようになります。すると，上側面に来るべき面がないので，不適とわかります（Dはすでに使われていますし，◎と●の位置関係が合いません）。

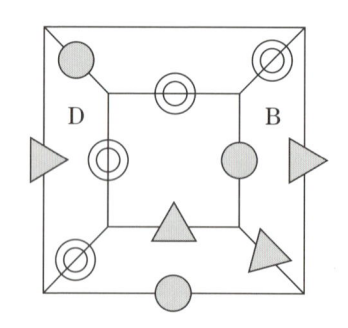

② 右側面が C のとき

　次の左図のようになります。すると，上側面は E であることがわかります。ここで右図になります。残りの裏の面は，▲の底辺が2つ，◎と●が1つずつ入っていますが，これは B ですので，A が使われないことになります。

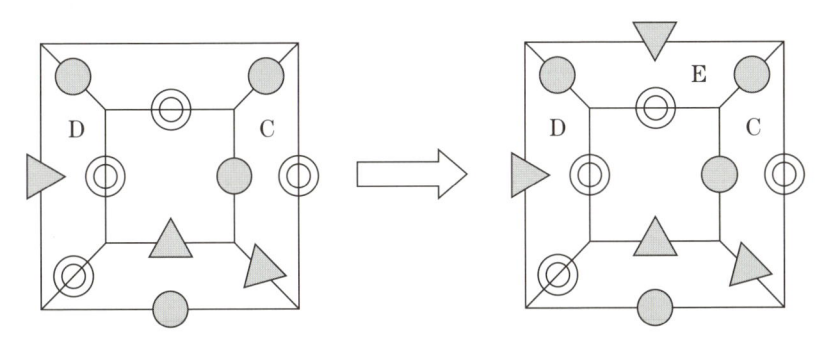

よって，正答は **1** です。

　位相図は，今回のように，一部分の面が見えていない問題，さいころを重ねる問題や立方体を転がす問題などで使われます。位相図を使うことで，立方体の場合6面のうち5面まで描くことができます。よく使われるテクニックですので，ぜひ覚えておいてください。

　空間把握には，これ以外にもいろいろなテクニックがありますので，115ページで紹介している**参考書**などで確認しておくとよいでしょう。

典型問題　1 段ずつ図示する問題

東京都Ⅰ類B・23年度

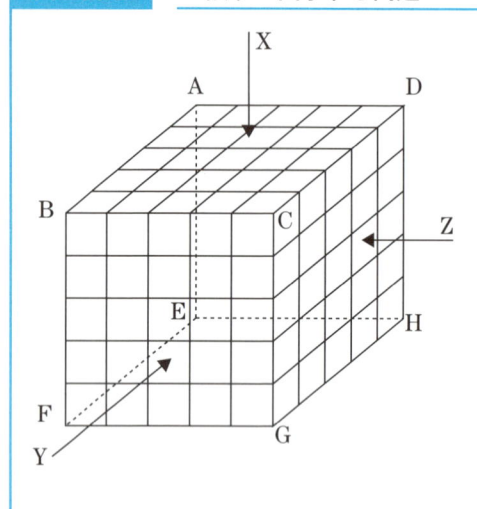

左図のように，125個の同じ大きさの小さい立方体をすき間なく積み重ねた立体がある。この立体をX，Y，Zの3方向からみて，下図に示す黒く塗りつぶした部分をその面に垂直な方向にそれぞれの面の反対側までくり抜いたとき，残された立体を構成する小さい立方体の個数として，正しいのはどれか。ただし，立体は，くり抜いても崩れないものとする。

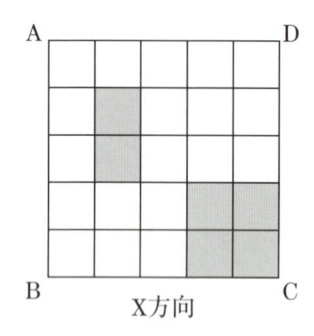

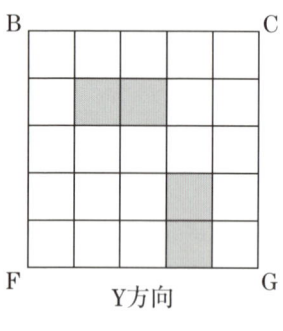

1 65個　**2** 66個　**3** 67個　**4** 68個　**5** 69個

> **ここがポイント！** スライスして1段ずつ図示する！

上から1段ずつ塗りつぶされた様子を図示していきます。
上（X）から見た様子を図示しています。

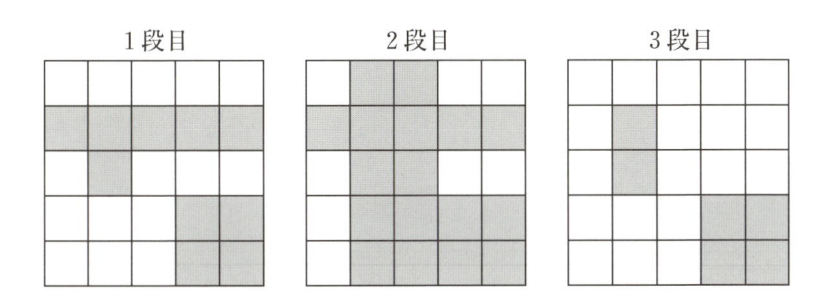

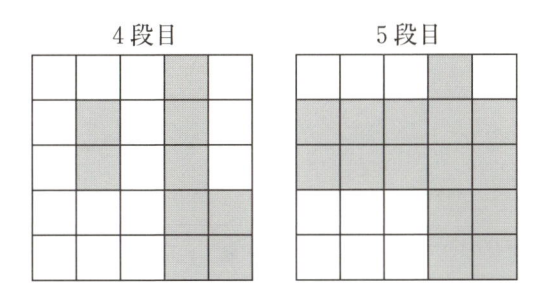

1段目　　　　　　2段目　　　　　　3段目

4段目　　　　　　5段目

これより，残された立方体の個数は，1段目：15個，2段目：8個，3段目：19個，4段目：16個，5段目：10個となりますので，合計で，15＋8＋19＋16＋10＝68〔個〕となります。

正答は**4**ですね。

本問のように，小立方体を積み重ねた問題では，1段ずつ図示していく方法が有名です。本問と同様に，立方体を貫く問題が出題頻度も多く有名ですが，このほかに切断する問題もあります。いずれにしても，作業の問題となりますので，数え間違いなどに十分に気をつけなければなりません。

| 典型問題 | 立体の切断 | 国家Ⅱ種・21年度 |

図のような同じ大きさの立方体を五つ組み合わせて作った立体を，点 A，B，C を通る平面で切ったとき，その断面の形状として正しいのはどれか。

1

2

3

4

5

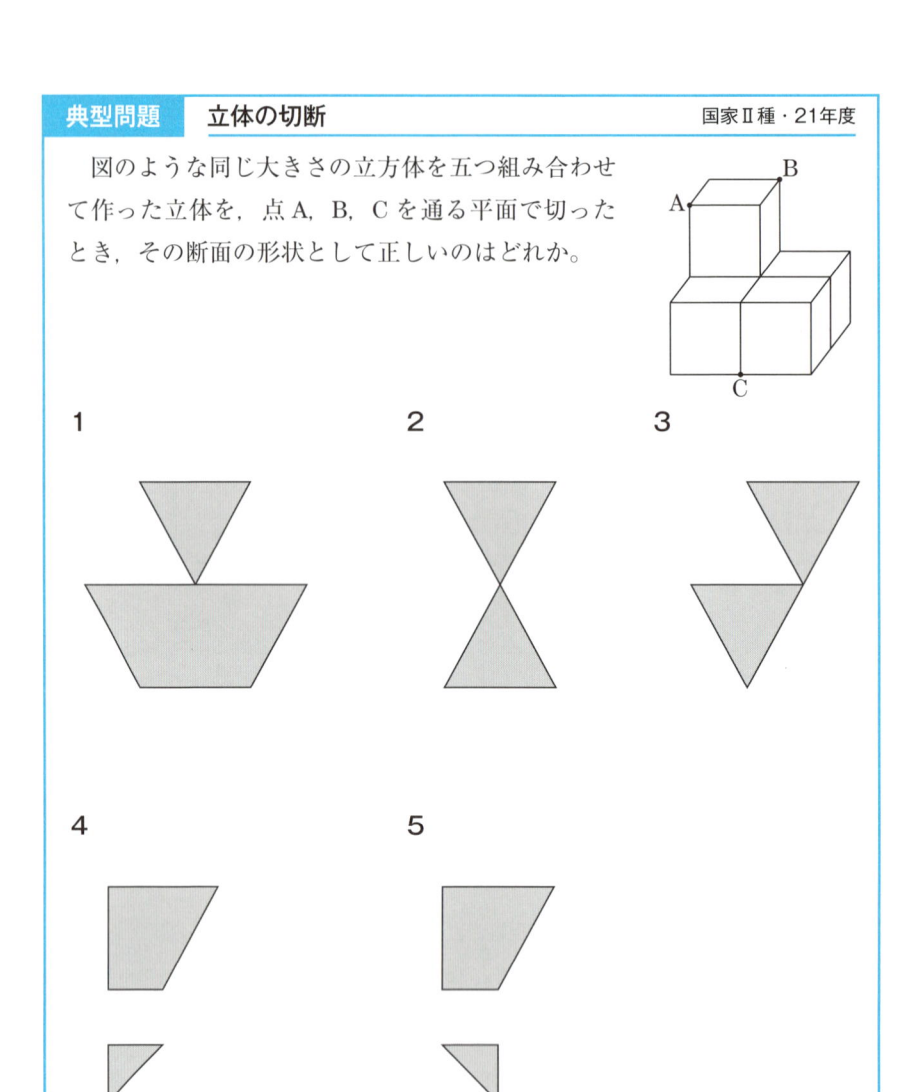

ここがポイント！ 切断のルールを押さえる！

① まず，欠けている部分を補った立方体を切断します。AB はともに上面にあるので，線分 AB は切り口として結びます。そうすると，上面と平行な底面にできる切り口は AB に平行になりますので（平行な面には平行な切り口），底面の切り口も描くことができて，結果的に次の左図の六角形になり

076

ます。もし，六角形になることがすぐにわからない場合には，次の右図のように，さらに立方体を付け加えてみるとよいでしょう。まず，底面の切り口をDまで延長します。そして，AとDは同じ面にのっていますので，ADを結び（同じ面にある2点は直線で結ぶ），仮の切り口を作り，これをもとに六角形を作図します。

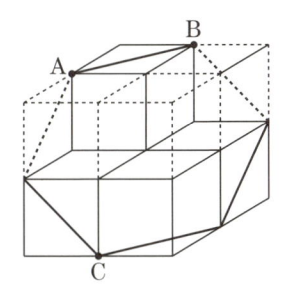

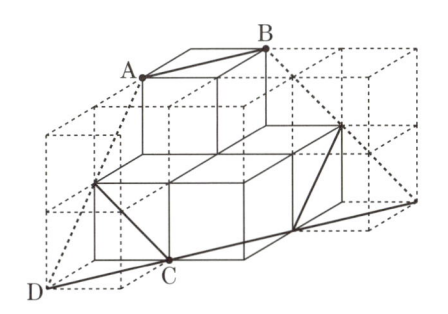

② ①で通る点がわかったため，実際の切り口を描いていきます。次の図で，まずEFは同じ面上にありますから，これを直線で結びます（同じ面にある2点は直線で結ぶ）。すると，AG，BGも同じ面にありますので，これを結んで切り口が完成しました。

正答は**1**ですね。

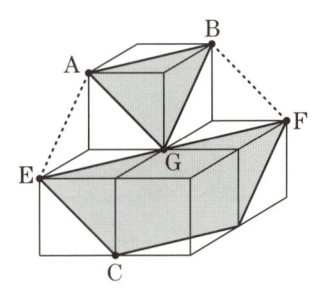

切断の問題は非常によく出題されます。教養だけでなく，国家Ⅰ種では21・22年度に立体の切断を伴う問題が出題されています。切断面を図示する場合のルールは以下のとおりです。

① **同じ面にある2点を通る場合，その2点を直線で結ぶ**
② **平行な面には平行な切り口ができる**

また，作図するときの注意点として次の点も挙げられます。
③　1つの面には2つ以上の切り口はできない
④　切り口は必ず面にできる（立体の内部を貫通させない）

特に立方体の作図はよく出題されますので，ある程度準備して覚えておくとよいでしょう。実は，上の①でも，六角形の作図は事前に準備しておくべきでした。そこで，次に立方体の切断面のいくつかを紹介しておきます。いずれも，3点P，Q，Rを通るように描かれています。ここからもある程度わかりますが，基本は以下のとおりです。

◎　正三角形，正方形，長方形，台形，平行四辺形，ひし形，五角形（正五角形は不可能），正六角形は作図可能
◎　直角三角形，正五角形，七角形以上の図形は作図不可能

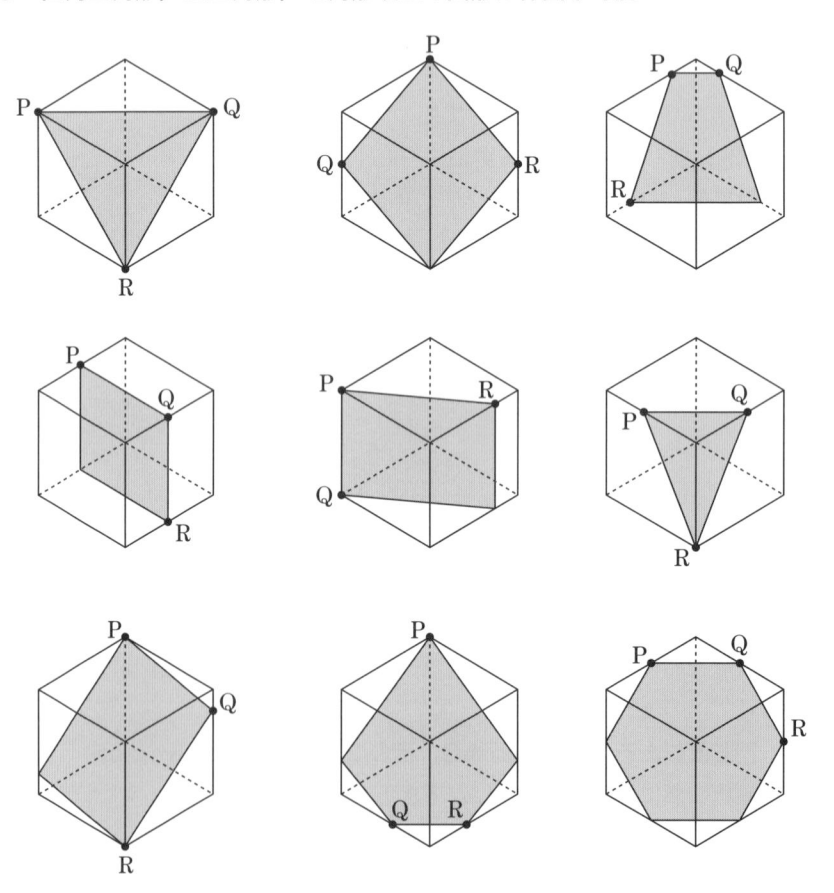

Chapter 2-6 数的推理

最優先テーマ 5 　天びん算

典型問題　濃度
国家Ⅱ種・21年度

　ある容器に濃度20.0%のショ糖の水溶液が500g入っている。この水溶液の$\frac{3}{5}$を赤いコップに移し，残りをすべて青いコップに入れた。赤いコップに，ショ糖を20g追加し，十分にかき混ぜて均一になったところで，赤いコップの水溶液の半分を青いコップに移した。最後に，青いコップへ水を40g追加した。このとき，青いコップに入っている水溶液の濃度はいくらか。
　ただし，水溶液中のショ糖はすべて溶けているものとする。

1 　18.0%
2 　18.5%
3 　19.0%
4 　19.5%
5 　20.0%

解説

　最初，赤いコップには300g，青いコップには200gの20.0%ショ糖水溶液が入っています。
① 　赤いコップにショ糖を20g加える
　これは，20%ショ糖水溶液300gと100%ショ糖水溶液20gを混ぜたと考えます。

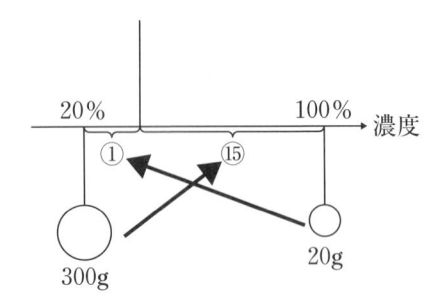

```
        20%           100%
         ┌─────────────┐      濃度
         ① ⑮
        300g          20g
```

これより，混ぜた後の濃度は，20％と100％を 1：15 に分ける（内分する）ときの濃度なので，$20+(100-20)×\dfrac{1}{16}=25$％です。また，全体で320gとなります。

② 赤いコップの半分を青いコップに移す

①で計算したことから，赤いコップの25％ショ糖水溶液160g（半分）と青い20％ショ糖水溶液200g 水溶液を混ぜます。これは次の天びん図となります。

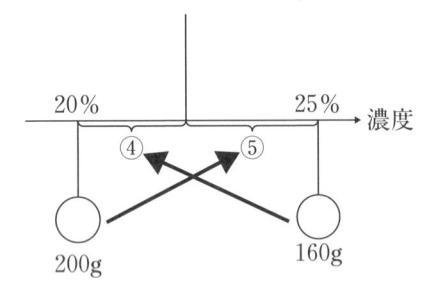

```
        20%           25%
         ┌─────────────┐      濃度
         ④ ⑤
        200g          160g
```

これより，混ぜた後の濃度は，20％と25％を 4：5 に分ける（内分する）ときの濃度なので $20+(25-20)×\dfrac{4}{9}=\dfrac{200}{9}$％です。また，全体は360gです。

③ 青いコップに水を40g追加する

②で計算した青いコップに０％ショ糖水溶液を40g混ぜると考えて，天びん図を描くと次のようになります。

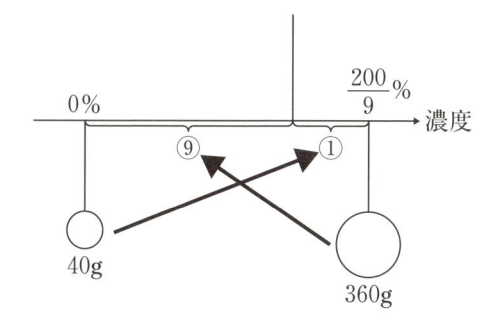

これより，混ぜた後の濃度は次のように計算できます。

$$\frac{200}{9} \times \frac{9}{10} = 20.0\%$$

よって，正答は**5**ですね。

ここがポイント！ ほかの科目でも使える！

　天びん算は，数的推理では有名なテクニックで，知っていて当然といえます。しかし，**技術系の場合には，さらにそれが力・モーメントのつり合いでも活かされる**ことまで押さえておきましょう。具体的には，土木職，建築職，機械職の構造力学（材料力学）で出題される単純梁，ゲルバー梁の支点反力を求めるとき，天びんのつり合いの形が成り立つことを知っていると，計算が速く確実になります。また，天びんのつり合いそのものが，機械職の専門試験で出題されています。

　さて，今回の問題ですが，天びん算の途中の計算が分数となり，少しだけ複雑になっています。一方で，選択肢に出ている解答は割ときれいな形ですね。そこで，うまく計算すれば，もう少しきれいな数字だけで計算できるのではないか，と想像できるのではないかと思います。実は，次のように考えることができます。

　解答の①で混ぜる計算は同じようにします。ここで赤いコップの半分を青いコップに移した後のことを考えると，結局「赤いコップ（25%）の160g」「青いコップ（20%）の200g」「水40g」をすべて混ぜることになりますね。ところが，ただ全部混ぜるだけなら，混ぜる順番を変えても，濃度は同じになるはずです。そこで，混ぜる量を見ると，「赤いコップ160g」と「水40g」を先に混ぜたほうが，合計で200gときれいな数字になります。そこで，この濃度を計算

しましょう。

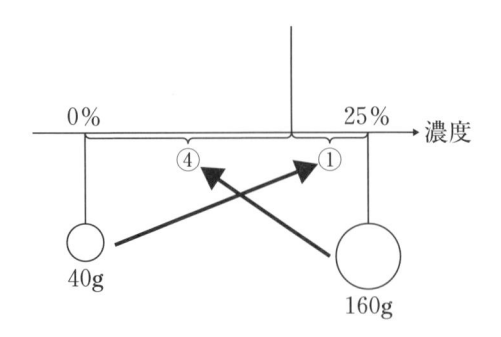

この天びん図から，$25 \times \dfrac{4}{5} = 20\%$ となります。すると，青いコップの中身も20％ですから，この両方を混ぜても濃度は20％のまま，となります。

また，天びん図を使わずに解くことも，もちろんできます。技術系の場合はこのほうが多いでしょうね。しかし，天びん算の計算は知っておいてください。天びん図を使わないのであれば，混ぜたショ糖の量を計算することが大切になります。

① 最初のショ糖：500×0.2＝100g 混ざっているので，赤いコップに60g，青いコップに40g 入る。
② 赤いコップには20gのショ糖が追加され合計80gになるが，そのうち半分の40gが青いコップに移る。
③ 赤いコップからの160g（ショ糖40g）と，青いコップの200g（ショ糖40g），水40gを混ぜるので，全体で合計400gの水溶液ができる。
④ 400gの水溶液の中に80gのショ糖が入っているので，濃度は20％。

公式 CHECK!

天びん算

2つの食塩水を混ぜた後の食塩水の濃度は，
① 濃度を数直線に取り，この数直線を天秤の棒にたとえる
② この棒に，食塩水と同じ質量のおもりを付ける
③ 天秤がつり合う支点の位置の濃度が，両端につけた食塩水を混ぜてできる食塩水の濃度になる

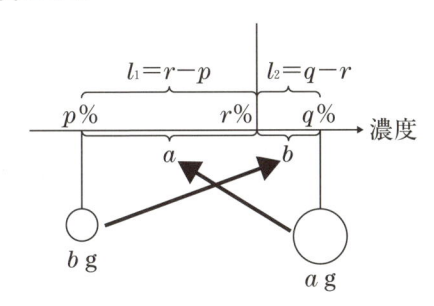

天びんのつり合いは，結局モーメントのつり合いと同じなので，結局この図で，
(1) $l_1 : l_2 = a : b$ （逆比）
(2) $al_2 = bl_1$

が成り立つことになる。

なお，
① 水は，0％食塩水と考える
② 食塩は，100％食塩水と考える
③ 水を蒸発させる問題は，逆に，蒸発させてできた食塩水に水を加えれば，元の食塩水に戻る，と考える

最優先テーマ 6 整数・数列

典型問題　等差数列の和　　　　　　　　　　　　　　　国家Ⅱ種・21年度

今年の1月1日から毎日，m月n日に$m \times n$（円）の金額を貯金箱へ貯金していくものとする。このとき，貯金の合計額が，初めて1万円以上となるのは次のうちどの月か。

ただし，貯金は0円の状態から始め，途中で貯金を引き出すことはないものとする。

また，各月の日数は実際には一定ではないが，30日であるとして計算するものとする。

1　今年の5月
2　今年の7月
3　今年の11月
4　来年の4月
5　来年の10月

解説

選択肢から，30日現在での貯金額がわかればよいので，m月の貯金額を計算すると，

$$m + 2m + 3m + \cdots + 30m = m \times (1 + 2 + 3 + \cdots + 30) = m \times \frac{1}{2} \times 30 \times (30+1) = 465m$$

そこで，1月1日〜m月30日までの貯金額について，

$$465 + 2 \cdot 465 + 3 \cdot 465 + \cdots + 465m = 465 \times (1 + 2 + 3 + \cdots + m) = 465 \times \frac{1}{2} m(m+1)$$

> 10000

$\therefore \quad m(m+1) > \dfrac{20000}{465} = 43.0$

ここで具体的にmに数値を代入して調べると（選択肢を代入してもよい），

$m = 6 \quad \rightarrow \quad 6 \times 7 = 42$
$m = 7 \quad \rightarrow \quad 7 \times 8 = 56$

したがって，今年の7月には達成できることになります。
正答は**2**ですね。

ここがポイント！ 数列は公式を覚える！

ここでは数列の問題を取り上げました。数列は，教養試験での出題が主になりますが，**地方上級の工学の基礎でも出題があります**（23年度の部分分数展開の問題のほかに，20年度にも出題がありました）。国家Ⅰ種でも，数列の公式を使う問題がありました。そこで，ここで問題を紹介しながら，公式をまとめました。また，整数に関するいくつかの公式も次にまとめておきました。ここは公式の知識が大きくものをいう分野ですので，しっかりと覚えておいてください。

公式 CHECK！

数列の和の公式

数列の和について，以下の公式が成り立ちます。

$$1+2+3+\cdots+n=\sum_{k=1}^{n}k=\frac{1}{2}n(n+1)$$

$$1^2+2^2+3^2+\cdots+n^2=\sum_{k=1}^{n}k^2=\frac{1}{6}n(n+1)(2n+1)$$

$$1^3+2^3+3^3+\cdots+n^3=\sum_{k=1}^{n}k^3=\left\{\frac{1}{2}n(n+1)\right\}^2$$

また，等比数列の和についても以下の公式が成り立ちます。ただし，rは1以外の定数とします。

$$1+r+r^2+\cdots+r^{n-1}=\sum_{k=0}^{n-1}r^k=\frac{1-r^n}{1-r}$$

技術系の場合には，次の無限等比級数の公式も覚えておくとよいでしょう。

$$1+r+r^2+\cdots+r^n+\cdots=\lim_{n\to\infty}\sum_{k=0}^{n}r^k=\frac{1}{1-r}$$

ただし，収束するために，$|r|<1$が必要です。

階差数列

数列 $\{a_n\}$ の階差数列 $\{b_n\}$ が分かっているとき,元の数列は $n \geq 2$ で次のように表されます。

$$a_n = a_1 + b_1 + b_2 + \cdots b_{n-1} = a_1 + \sum_{k=1}^{n-1} b_k$$

素因数分解と約数に関する公式

自然数 n が素数 $a,\ b,\ c \cdots$ を使って,次のように素因数分解できたとします。
$n = a^p b^q c^r \cdots$

このとき,

① 約数の個数

n の約数の個数は,$(1+p)(1+q)(1+r)\cdots$ で計算できます。

② 約数の総和

n の約数の総和 S は,次の式で計算できます。

$S = (1+a+a^2+\cdots+a^p)(1+b+b^2+\cdots+b^q)(1+c+c^2+\cdots+c^r)\cdots$

$\quad = \dfrac{a^{p+1}-1}{a-1} \dfrac{b^{q+1}-1}{b-1} \dfrac{c^{r+1}-1}{c-1} \cdots$

③ 約数の積

n のすべての約数の積 P は,①で計算される約数の個数を m として,次の式で計算できます。

$$P = n^{\frac{m}{2}}$$

Chapter 2-7 資料解釈

最優先テーマ 7 増加率

典型問題 増加率（グラフ） 東京都Ⅰ類B・23年度

次の図から正しくいえるのはどれか。

外食産業における業種A～Dの売上額の対前年増加率の推移

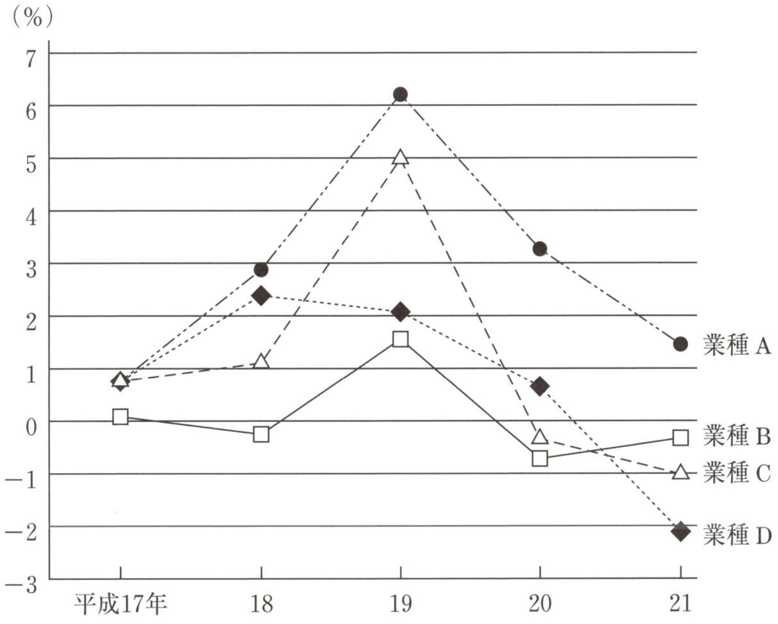

(%)

縦軸目盛：-3, -2, -1, 0, 1, 2, 3, 4, 5, 6, 7

横軸：平成17年, 18, 19, 20, 21

業種A
業種B
業種C
業種D

1 平成17年から20年までの各年についてみると、業種Dの売上額に対

087

する業種Bの売上額の比率は，いずれの年も前年に比べて減少している。

2 　平成17年における業種Dの売上額を100としたとき，21年における業種Dの売上額の指数は105を上回っている。

3 　平成18年から20年までの各年についてみると，業種Cの売上額が前年に比べて増加した年は，いずれの年も業種Bの売上額が前年に比べて増加している。

4 　平成18年から21年までのうち，業種Aの売上額が最も多いのは19年であり，次に多いのは20年である。

5 　平成21年における業種A〜Dの売上額についてみると，いずれの業種も19年の売上額に比べて減少している。

解　説

与えられているグラフは，売上額そのものではなく，売上額の増加率です。このことに注意して，選択肢別に見てみることにしましょう。

1 　2つの業種の比較です。BとDの売上額そのものがどこにも書かれていませんので，一見，BとDを比較することは無理なのではないか，と思ってしまうかもしれません。実際，BとDの売上額のどちらが多いのか，といったことはわかりません。しかし，DのBに対する売上額の比率はわかるのです。

こういう問題では，わかりやすいのは，「DのBに対する比率が変わらない場合はどんな場合か」と考えることです。もし，Dの伸び率が10％だったとしても，Bも10％伸びたのであれば，DとBはどちらも同じように伸びた，ということになります。逆に，Bが2％しか伸びていないのに，Dが10％も伸びていたら，BよりDの方が拡大していることになります。もちろん，売り上げそのものはBの方が多いかもしれません。でも，Dは急成長をしている，ということですね。

「XのYに対する比率の増減」＝「両方の増加率の比較でわかる」
ということになります。

さて，グラフを見てみると，DとBでは，平成20年までは常にDの増加率の方が大きいですから，これは正しい選択肢，ということで正答は**1**です。

2 　1年ごとの増加率はわかっていますが，聞かれているのは，17年から21年

の4年間の増加率です。これは，増加率をかけ算していけば計算できます。平成17年の増加率は，平成16年に対するものなので，かける必要がないことに気をつけてください。

$100 \times 1.025 \times 1.021 \times 1.008 \times 0.979 = 103.3$

ということで，105は超えていませんね。ただ，この計算はちょっと面倒です。実は増加率が小さいときには，数年分の増加率は，それぞれの増加率を足し算するだけで近似計算できます。これを使えば，

$100 + 2.5 + 2.1 + 0.8 - 2.1 = 103.3$

です。ほぼぴったりの数字ですね（かけ算の計算では，小数点第2位以下まで続くので，まったく同じではありません）。これは，増加率がa，b（小数で示す）のとき，合わせた増加率は，

$(1+a)(1+b) = 1 + a + b + ab$

となりますが，このabは小さい小数どうしのかけ算なので無視した，ということです。この計算方法も覚えておいてください。

3 この問題は，有名なひっかけです。Cの売上額が増加した，というのは「増加率が0より大きい」という意味です。これは，平成18年と19年ですね。このうち，平成18年はBの増加率がマイナスですので，減少しています。ですのでこの選択肢はだめですね。今回はグラフの形をみても，たまたま同じ年になりますが，だまされないように，よく注意してください。

4 これも**3**と同じように，グラフの形にだまされないように気をつけましょう。増加率が0より大きい間は，売上額は増加しています。Aは平成21年までずっと増加率がプラスのままですので，売上額もずっと増加しています。したがって，一番多いのは平成21年，次に多いのは平成20年です。よって，間違っていますね。

5 これはここまでの検討で答えが出ています。Aはずっと増加し続けていますので，平成19年に対して，平成21年の方が売上額は増加しています。したがって，これも間違いです。グラフの形にだまされないでくださいね。

ここがポイント！ グラフの意味をとらえる！

　資料解釈は，細かい計算問題と，グラフの意味を考える問題に分かれます。後者の代表例が増加率の問題です。備えていないとだまされやすいグラフですので，十分に用意しておく必要があります。この増加率は，国家公務員試験でもよく出題されていますが，東京都，特別区では毎年のように出題されていますので，受ける人は十分に注意しておいてください。

　考えるポイントは解説でほぼ出てきていますが，
① **グラフの形にだまされない**
② **0より上が増加，0より下が減少**
③ **XのYに対する比率の増減は，XとYの増加率を比べればわかる**

の3つが大切です。さらに，2に出てきた近似計算も使えますが，これは数値によっては大きな誤差が出てくる場合もありますので，増加率が小さい場合のみにとどめておくとよいでしょう。

　資料解釈は，素早く解けるように，問題に慣れることが重要です。

Chapter 2-8 自然科学系科目

　自然科学系科目は，数学，物理，化学，生物，地学の5科目です。数学，物理，化学では計算問題も出題されますが，一般知識に分類されます。まずは出題数を紹介しましょう。

	数学	物理	化学	生物	地学
国家総合職（大卒程度）	一般知識全体で13問				
国家総合職（院卒者）	一般知識全体で6問				
（旧国家Ⅰ種）	2	2	2	2	2
国家一般職	一般知識全体で13問				
（旧国家Ⅱ種）	2	2	2	2	2
地方上級	1	1	2	2	1
東京都	0	1	1	1	1
特別区	2	3	3	2	2

※科目ごとの出題数は年によって変わる場合がある。
※地方上級はどの型も同じ出題数の場合が多い。

　自然科学系科目は，技術系の受験者にとっては，**最も狙いやすい科目**といえます。出題範囲に微妙な違いがあるとはいえ，数学，物理（化学職の人は化学も）は**専門の工学の基礎でも出題されます**し，生物，地学も高校で未習であっても割と学習しやすいからです。特に，物理が得意な人は地学，化学が得意な人は生物から取りかかると理解がしやすいと思います。
　いずれにしても，社会科学系科目，人文科学系科目は苦手な人が多いこと，教養は一定の点数が取れていれば十分であることを考えると，この**自然科学系**

科目の重要度はほかの科目よりも高く，確実に学習しておくべきでしょう。
　なお，自然科学の5科目は基本的に高校範囲からの出題になっています。それでは，科目ごとに簡単に見ていくことにしましょう。

(1) 数学

　主に高校1，2年生までの範囲の数学から出題されています。工学の基礎の数学とは微妙に出題範囲が異なりますが，工学の基礎の数学が計算力を重視しているため，工学の基礎の数学での対策が教養でも活かされます。具体的には，工学の基礎に加え，数式，方程式，2次関数が加わるものと考えていれば，だいたいの問題はカバーされます。ただし，国家公務員試験では，時としてかなりの難問が出題されることもありました。

(2) 物理

　高校範囲から出題され，計算問題も多く出題されます。計算問題は，ほとんど工学の基礎でカバーできます。一方，知識問題，特に波動と原子の知識問題は別に対策を取る必要があります。

(3) 化学

　高校範囲から広く出題されます。計算問題も出題されますが，その比率は物理ほどではありません。知識問題は，コロイド，無機化学，有機化学と高校範囲全体からの出題となっているため，物理よりは時間をかけて用意する必要があります。

(4) 生物

　遺伝の一部を除いては，ほとんど知識問題といってよいでしょう。高校範囲から広く出題されています。ここで，知識問題の対策についてまとめておきます。いくら高校範囲だからといって，大学入試と同じように対策するのはコストパフォーマンスが悪すぎます（しょせん2問程度の出題しかないのです）。また，知識問題は似たようなものが繰り返し出題されることも忘れてはいけません。以上のことを考えると，まずは，公務員試験用にまとめられた簡単な参考書で，範囲の全体を簡単に眺めてみるのがよいでしょう。よく言うのですが，ここで大切なのは，過去問を解けるように学習をするのではなく，過去問

を「回せる」程度に学習することです。最初から，全部の範囲をしっかりと勉強すると，時間がかかり飽きてしまいます。一方で，知識問題の中心は，過去問集を短時間に回すことです。具体的には，知識問題であれば，1問1，2分で解けるはずです。ただ，そのためには最低限の知識は必要なのです。たとえば，この選択肢は，参考書のどこに書かれているのか，その科目の全体像はどうなっているのか，ということです。ですので，まずはおおざっぱに全体を学習してください（予備校の講義を受ける人も，まずはすべてを理解するのではなく，全体像と，これに加え，講義で挙げられている頻出項目を押さえておくことが大切です）。そのうえで，過去問集を，短期間に何回か回していきましょう。この過去問を回すことが学習の中心になります。

（5） 地学

この科目も生物同様知識問題が中心となります。生物と地学は，取りつきやすいほうから取りかかっていくとよいでしょう。対策は生物と同じですが，地学のほうが，天体，地質を扱うため，時事問題を取り込むことが多いようです。ただし，基本的には過去問を回すことが最も大切になります。

最優先テーマ 8　化学（非金属原子・金属原子）

　知識系の科目については，典型問題を取り上げても，扱えるテーマに限りがありますので，ここでは，過去問の選択肢をバラバラにしてまとめました。
　まず，化学の非金属原子・金属原子です。似たような選択肢も混じっていることがわかると思いますが，それが頻出項目であることを示すためにあえて除外しませんでした。最初は1問につきそれなりに時間がかかるかもしれませんが，二度目以降は，すぐに解けるようになると思います。また，場合によっては，答えを覚えてしまうかもしれませんが，それでかまいません。ただ，「23番は○」というような覚え方はせずに，文章全体に必ず目を通して，「この問題文は○」ということを確認してください。間違えている選択肢の場合も，どこが間違っているのかを確認して先に進んでください（答えを覚えること自体は，それが目的なので，まったく問題ありません）。

○非金属原子

1　水素は，地球上ではアンモニアとして多く存在している。水素は無色で水に溶けやすく水溶液は弱い塩基性を示す。実験室で水素を得るには，塩化アンモニウムと水酸化カルシウムの混合物を加熱し，上方置換で捕集する。

2　水素は，無色で無臭の気体であり，同温，同圧，同体積で比べると，すべての気体の中で最も軽く，亜鉛に希硫酸を加えると得られる。

3　水素は気球や飛行船に利用されており，無色無臭で2番目に軽い気体として存在する。大気中の含有量が極めて少なく，天然ガスから分離して得られる。容易に液化せず，また化学的に安定であるといった性質を利用して，この気体中で極低温実験が行われている。

4　ヘリウム原子の最外殻電子は2個，ネオン原子，アルゴン原子の最外殻電子はそれぞれ8個である。

5　ヘリウムは燃性があり，軽く，また，沸点は摂氏約0度であり，気体の中でも凝縮しやすい性質を持っている。ヘリウムをガラス管に封入し，高電圧をかけて放電させると青色光を発するので照明機器に利用されている。

6　ヘリウムは無臭で無色の化学的に不活性な気体で，水によく溶ける。この気体は低圧放電によりオレンジ色に光る性質を持つので，放電管やランプなどに利用されている。

7　オゾンは，酸素中で放電を行うか，酸素に赤外線とX線を当てると生じる。オゾンは還元作用が強く，有毒であり，また，自然界では火山性の噴気とともに産出することが多く，これが成層圏に移動して紫外線を吸収している。

8　オゾンは特有の臭いを持つ淡青色の有毒な気体で，酸素中で無声放電を行ったり，酸素に紫外線を当てたりすると生成される。この気体は強い酸化作用を持ち，殺菌や漂白に利用されている。

9　酸素は，地殻中では二酸化ケイ素やケイ酸塩になって存在する。酸素は実験室では過酸化水素水に少量の酸化マンガン（Ⅳ）を加えて作るが，工業的には液体空気の分留などによって作られる。

10　酸素は，質量比では，大気圏で窒素に次いで多く存在するが，地殻にはほとんど存在していない。酸素は，工業的には，水の電気分解で作られる。酸素の同素体にオゾンがあるが，これは酸素中で放電を行うと発生する。オゾンは，成層圏の地上200km付近に比較的多く存在し，太陽から地球に照射されている光のうち紫外線の大部分を吸収している。

11　酸素は，無色で無臭の気体であり，実験室で発生させる場合，さらし粉に塩酸を加えて，下方置換で捕集する。

12　酸素はアンモニアの合成原料として用いられたり，燃料電池に利用されている。宇宙で最も存在する割合が大きい元素であり，無色無臭の気体として存在する。地球上では化合物として大量に存在している。

13　窒素は，地殻中では水晶や石英として多く存在する。窒素は工業的には酸化バナジウムを触媒として，二酸化窒素を酸化して得られる三酸化窒素を濃硫酸に吸収させて作る。

14　窒素は沸点が元素の中で最も低く－196℃で液化するため，冷却剤として用いられている。空気の体積の約90％を占めており，動植物の中にもタンパク質などの化合物として存在し，生命活動に欠かせない元素の一つである。工業的には液体空気の分留で得られる。

15　アンモニアは無臭で無色の無毒な気体で，空気より重く，水によく溶け，その水溶液は弱酸性を示す。この気体は尿素などの肥料や硝酸の原料として利用されている。

16　塩素原子は7個の価電子を持っている。

17　塩素は特有の刺激臭のある無色の気体で，空気より軽く，水によく溶け，

その水溶液は強酸性を示す。これは塩酸であり、漂白剤や殺菌剤として利用されている。

18 塩素は、無色で刺激臭のある気体であり、同温、同圧、同体積で比べると、ヘリウムに次いで軽く、水に溶けると塩素水になる。

19 リチウム原子は3個の電子のうち、2個はK殻に入るが、残りの1個はL殻に入る。

20 硫黄は、火山地帯などで単体として産出されるほか、石油の精製の際に多量に得られる。硫黄を空気中で燃やすと、刺激臭のある有毒な気体である二酸化硫黄が生成される。二酸化硫黄の水溶液は酸性を示し、還元性及び漂白作用を持つ。また、硫黄の化合物である濃硫酸には脱水作用があるため、実験室では乾燥剤として用いることがある。

21 二酸化硫黄は、黄緑色で刺激臭がある気体であり、人体に有毒で、水に溶けるとアルカリ性を示す。

22 炭素は、炭素の単体であるダイヤモンド、また炭素とナトリウムの化合物である黒鉛として広く存在し、またさまざまな有機物として生物体内にも多く存在している。炭素は、ダイヤモンド型の結晶構造をとることにより高い透明性を有するので、光ファイバーの材料として広く用いられている。

23 ダイヤモンドは、炭素の単体からなるイオン結晶であり、あらゆる物質中で最も硬く、光の屈折率が小さく、装飾品や研磨剤に用いられる。

24 黒鉛は、炭素の単体からなる共有結合の結晶であり、やわらかく、電気をよく通し、鉛筆の芯や電極に用いられる。

25 活性炭は、黒鉛の微少な結晶が規則的に配列した集合体であり、単位面積当たりの表面積が小さく、気体の分子を吸着する性質があるため、脱臭剤に用いられる。

26 一酸化炭素は、炭素や炭素化合物が不完全燃焼したときに生じる気体であり、無色無臭の不燃性で、水には溶けず、実験室では、石灰石に塩酸を作用させて発生させる。

27 一酸化炭素は刺激臭のある黄緑色の有毒な気体である。室温で加圧した後、急激に膨張させると強い吸熱が起こり、固体になるが、これは冷却剤として利用されている。

28 二酸化炭素は、炭素や炭素化合物が完全燃焼したときに生じる気体であり、空気に比べ軽く、無色無臭の不燃性で、水に溶けて弱い酸性を示し、実

験室では，過酸化水素水に酸化マンガン（Ⅳ）を作用させて発生させる。
29　二酸化炭素は，無色で無臭の気体であり，同温，同圧，同体積で比べると，空気より軽く，空気中で燃焼させると青白い炎を出して燃える。
30　化学反応により発生させた二酸化炭素は，上方置換法で集めることができるが，これは，二酸化炭素が空気よりも軽く，水にほとんど溶けない性質を利用するものである。
31　南極大陸上空の成層圏のオゾン層は，毎年9～10月にオゾンの濃度が非常に低く，穴があいたような状態になり，オゾンホールと呼ばれているが，この現象の最大の原因物質は二酸化炭素である。
32　酸性雨による石造建築物の溶解や森林の被害などが広範な地域で起こっているが，主な原因物質は，人類の活動により排出された二酸化炭素が空気中の水分と結びついて生成した炭酸である。
33　有機物には炭素が含まれているため燃やすと二酸化炭素が発生するが，天然ガスは，石油や石炭に比べて，同じ燃焼エネルギーを得る際に発生する二酸化炭素の量が少ない。
34　リンは，リンの酸化物であるリン酸塩を成分とするリン鉱石から製造される。リンは，植物にはなくてはならない元素の一つであるが，一般に動物体内には存在しない。また，リン酸塩は合成洗剤の原料になっていたが，水溶液の形で長い時間を経過すると有害物質に変化することがわかったため，現在は合成洗剤にリン酸塩は使用されていない。
35　ケイ素は，岩石内に多く存在する元素であり，単体ではガラスとして用いられる。ケイ素の化合物であるケイ酸塩は半導体として良好な性質を持ち，これにゲルマニウムなどの不純物原子をごく少量混入することにより，トランジスタやIC（集積回路）の材料として，広く利用されている。

以下，解答です。(A)は重要度の高い問題，(B)は(A)よりは重要度が低い問題ですが，(B)も過去問の選択肢ですので，できる限り覚えるようにしましょう。なお，ここではすぐにチェックができるように，解説は簡潔なものにとどめておきます。

1 (A)　×　アンモニアにも水素は含まれているが，アンモニアは地球上にそれほど多いわけではない。通常は，金属に酸を加えて発生させる。なお，後半

の発生方法はアンモニアについてのものである。

2(A) ○

3(A) ×　水素は最も軽い気体である。なお，天然ガスからも分離できるが，これも量は多くない。後半はヘリウムについての記述である。

4(A) ○

5(A) ×　全般に記述が間違っているが，ヘリウムは非可燃性で，沸点は約－269℃である。

6(A) ×　オレンジ色に発光するのはネオンである。また，ヘリウムを発光させるためには，高電圧が必要である。さらに，ヘリウムは水には溶けにくい。

7(B) ×　赤外線ではなく紫外線である。また還元作用ではなく，酸化作用である（3つの酸素原子の1つを他の物質に押しつける）。

8(A) ○

9(A) ○

10(B) ×　地殻中には，二酸化ケイ素の形で大量に含まれている（地殻中最大の構成元素である）。また，工業的には，空気の分留で作る。

11(A) ×　実験室では，水の電気分解か，二酸化マンガンに過酸化水素水を混ぜて生成する。さらし粉を使うのは塩素である。

12(A) ×　前半の記述は水素についてである（宇宙で最も存在する割合が多いのは水素である）。

13(B) ×　水晶・石英は基本的に二酸化ケイ素である。

14(A) ×　空気の体積の約80％である。

15(A) ×　アンモニアは刺激臭をもつ有害な気体で，空気より軽く，水によく溶けて弱アルカリ性を示す。

16(A) ○

17(A) ×　塩素は黄緑色で空気より重い気体である。

18(A) ×　塩素は黄緑色で空気よりも重く，水に溶けると塩酸（と次亜塩素酸）を生成する。

19(A) ○

20(B) ○

21(A) ×　二酸化硫黄は，無色で刺激臭がある気体であり，人体に有毒で，水に溶けると酸性を示す。

22(A) ×　黒鉛は，炭素とナトリウムの化合物ではなく，炭素の単体である。

23 (B) ×　ダイヤモンドはイオン結晶ではなく，共有結晶である。イオン結合は弱く，共有結合は強いことを知っておくとよい。
24 (A) ○
25 (B) ×　表面積は極めて大きい。だからこそ，気体をよく吸着する。
26 (A) ×　石灰石に塩酸を作用させてできるのは二酸化炭素である。
27 (B) ×　一酸化炭素は，無色無臭の気体である。
28 (A) ×　二酸化炭素は空気より重い。また，最後の記述は酸素についてのもので，二酸化炭素は，塩酸に石灰石を加えて発生させる。
29 (A) ×　二酸化炭素は空気より重く，燃えない。
30 (A) ×　二酸化炭素は空気より重いので，水上置換または下方置換を用いる。
31 (A) ×　二酸化炭素ではなく，フロンガスである。
32 (A) ×　最大の原因物質は，硫黄酸化物による硫酸である。
33 (B) ○
34 (B) ×　リンはあらゆる生物にとっての必須元素である。
35 (B) ×　ケイ素が半導体で使われる場合，化合物ではなく，単体で用いられる。また，ICに使われる場合，極めて純度の高いケイ素にホウ素やリンを加える（ゲルマニウムをケイ素の替わりに用いることはできるが，ケイ素にゲルマニウムを混入させるわけではない）。

○金属原子

1　アルミニウムは，やわらかい軽金属で，展延性に富み，薄い箔とすることができる。また，大気中での耐食性にすぐれていて，空気中に放置しても表面に酸化被膜を生じ内部は酸化されない。

2　アルミニウムは沸騰水と反応し，水素を発生しながら溶けてアルミニウムイオンになるが，マグネシウムは沸騰水とは反応せず，変化しない。したがって，アルミニウムはマグネシウムよりもイオン化傾向が大きい。

3　アルミニウムは電気材料および窓枠などの建築材料として使用されており，単体として算出することはないが，酸化物として鉱物や土壌中に広く存在する。この単体と銅などの合金をジュラルミンといい，軽量で機械的にも強いので，航空機の機体などに利用される。

4　アルミニウムは，熱や電気をよく通す遷移元素であり，酸化しにくいため

自然界では単体で存在することが多い。炎色反応では，反応温度によって赤，青，紫と変化する特徴を持ち，花火の原料にも使われている。

5 　銅は，乾いた常温の大気中でも，短時間で二酸化炭素と反応して炭酸水酸化銅を主成分とする黒色の有毒なさびを生じるが，これは水や酸素から銅の内部を保護し，それ以上のさびの進行を抑える働きをする。

6 　銅は，密度や融点が高い遷移元素であり，金属の中では地球上に最も多く存在している。また，ヒトの血液中のヘモグロビンの中核をなす金属元素であるなど人体に無害な元素でもあり，硬貨など身近なものに広く利用されている。

7 　銀は，天然にも自然銀として産出するほど空気，水，酸素，硫黄などに対して極めて安定で，また，金属中最も展延性に富んでおり，1gを約3kmの線に延ばすことができる。

8 　濃硝酸に銀を入れると，水素を発生しながら溶けて銀イオンになるが，濃硝酸にマグネシウムを入れても反応せず，変化しない。したがって，銀はマグネシウムよりもイオン化傾向が大きい。

9 　金は，水，酸素に対しては安定であるが，硫黄や硫化水素とは容易に反応し硫化金を生成する。また，電気・熱の伝導性は金属中最大で，展延性は銀に次いで大きい。

10 　白金は王水と反応し，水素を発生しながら溶けて白金イオンとなるが，金は王水には溶けない。したがって，白金は金よりもイオン化傾向が大きい。

11 　溶鉱炉で鉄鉱石から得られる鉄は，スラグと呼ばれ，炭素，硫黄，リンなどの含有量が多いため固くてもろいが，これを転炉などで精錬し，不純物の含有量を少なくすると，粘りのある銑鉄となり，圧延などにより板や線に加工することができる。

12 　鉄は熱や電気をよく伝え，また展性や延性に富んでいるため，銅や電線に用いられている。また，亜鉛やニッケルとの合金は，装飾品や食器によく用いられている。室温では酸化されにくいが，湿った空気中では徐々に酸化されて青さびを生じる。

13 　マグネシウム原子は1価の陽イオンになりやすい。

14 　ナトリウムは常温の水と反応し，水素を発生しながら溶けてナトリウムイオンになるが，亜鉛は常温の水とは反応せず，変化しない。したがって，ナトリウムは亜鉛よりもイオン化傾向が大きい。

15 希硫酸に亜鉛を入れても亜鉛は変化しないが，希硫酸に銅を入れると，銅は水素を発生しながら溶けて銅イオンになる。したがって，銅は亜鉛よりもイオン化傾向が大きい。

16 亜鉛は，原子が価電子2個を持つ典型元素であり，また，酸や強塩基の水溶液に溶けて水素を発生する両性元素でもある。硬貨の材料のほか乾電池などにも利用されている。

17 ニッケルとスズは，原子が価電子1個を持つアルカリ金属である。これらはイオン化傾向が小さいので他の金属と結合しやすく，金属どうしの結合材として利用されている。

18 100円硬貨に使われている銅，亜鉛，スズの合金はジュラルミンと呼ばれ，硬くて丈夫であるという特徴をもつ。また，5円硬貨に使われている銅，亜鉛の合金は青銅と呼ばれ，さびにくい特徴を持つ。

解答と解説

1(B) ○

2(A) ×　マグネシウムと沸騰水は反応する。また，イオン化傾向は，マグネシウムの方が大きい。

3(B) ○

4(A) ×　アルミニウムは非常に酸化しやすく，単体で自然界に存在することはあまりない。また，炎色反応を示さない（あえて言えば白である）。

5(B) ×　銅は乾いた空気中ではさびにくい。また，銅のさびは緑青と呼ばれる独特の青色をしている。

6(A) ×　銅は，金属の中では密度も融点も高いとは言えない（密度は金や銀より小さく，融点は鉄よりも低い）。また，金属で言えば，アルミニウムの方が大量に存在している。さらに，ヘモグロビンの中核をなすのは鉄であり，人体に有害である。

7(A) ×　銀は硫黄に対しては反応して硫化銀となるため，安定ではない。また，最も展性延性に富んでいるのは金である。

8(A) ×　銀は確かに濃硝酸に溶けるが，これはマグネシウムも同じである。イオン化傾向は，マグネシウムのほうが大きい。

9(A) ×　金は王水以外とは反応しないと考えてよい。

10(A) ×　金は王水に溶ける。

11(B) × スラグとは，鉄鉱石から鉄を分離した残りのほうをさし，主成分は二酸化ケイ素である。
12(B) × 青さびを生じるのは銅である。
13(A) × マグネシウムは２価の陽イオンになりやすい。
14(A) ○
15(A) × 銅と亜鉛の記述が逆である。
16(A) ○
17(A) × ニッケルもスズもアルカリ金属ではない。
18(B) × 100円硬貨に使われるのは白銅で，銅とニッケルの合金である。ジュラルミンは，アルミニウム，銅，マグネシウムなどの合金である。また，５円硬貨に使われている銅，亜鉛の合金は黄銅と呼ばれている。青銅は銅とスズの合金である。

最優先テーマ 9 　地学（天体・地震）

○天体

1 　地球は北極と南極を結ぶ線を軸として北極の上空から見て時計回りに回転運動をしており，これを「地球の自転」というが，さらに太陽の周りを北半球の上空から見て時計回りに回っており，これを「地球の公転」という。

2 　月は，いつでも同じ面を地球に向けている。月では，夜が約半年間続き，また月には大気がないので，表面温度は昼も夜も常に氷点下である。

3 　太陽と地球の間に月が入ることにより太陽が完全に隠される現象を皆既日食といい，その際，ふだんは太陽の強烈な光で遮られて見ることができない「コロナ」が月に隠された太陽の外側に広がって観測される。

4 　太陽表面で「フレア（太陽面爆発）」という現象が起こると強いX線，紫外線，電子や陽子などの荷電粒子が放出され，その結果電離層が乱され通信障害などを引き起こす「デリンジャー現象」や地磁気の一時的変化をもたらす「磁気嵐」などの影響が地球に及ぼされる。

5 　太陽表面に現れる「黒点」は周囲より温度が低いため黒く見えるが，「黒点」の数は太陽の活動状況の強弱に対応して約 6 か月を周期として増減しており，「黒点」の少ない時期は太陽活動が活発な時期と対応している。

6 　黒点は光球面の高緯度のところによく出現し，低緯度のところにはほとんど出現することはなく，その平均寿命は約 2 年である。また，太陽が自転していることにより，黒点の位置は毎日東から西へ向かって移動している。

7 　黒点の数は約11年周期で増減しているが，これはフレアからコロナに向かって伸びた磁力線によって黒点の磁場が弱められ，黒点数を減少させることによって生じている。黒点数減少後発生する強いX線や紫外線は地球の電離層にも影響を与え，通信障害を引き起こしている。

8 　太陽のエネルギーは中心部の核と呼ばれる部分で，水素の原子核が融合してヘリウムの原子核に変わる核融合反応によって発生する。このようにして発生したエネルギーは光球の表層に運ばれ，可視光線などの電磁波として惑星間空間へ放射される。

9 　太陽を構成している主な元素の割合は，一般の恒星や星間ガスを構成する主な元素が水素であるのに対し，約92％がヘリウムで，次いで水素が約 8 ％，その他の元素は全部合わせても約0.1％にすぎない。

10 太陽が天球を運行する道筋を黄道といい,黄道上を運行する太陽が,天の赤道を北から南へ横切る天を春分点,南から北へ横切る天を秋分点という。

11 恒星が南中する周期は,太陽よりも少し長いため,太陽は恒星に対して,1日に少しずつ東から西へ移動し,約半年をかけて天球を1周するように見える。

12 地球型惑星（水星・金星・地球・火星）は,木星型惑星（木星・土星・天王星・海王星）に比べて,質量や半径が小さい。

13 木星型惑星（木星・土星・天王星・海王星）は,地球型惑星（水星・金星・地球・火星）に比べて,平均密度が小さい。

14 ボーデの法則に従いながら,惑星のまわりを公転している天体を衛星という。水星以外の惑星は衛星を持っていることが知られている。

15 地球が自転しているため,地球から見た惑星は,黄道に沿って運行しながら,複雑な動きをする。惑星が天球上を東から西へ移動するときを順行,西から東へ移動するときを逆行という。

16 水星は,大きさ,質量とも地球とほぼ同じである。表面は月の表面とよく似ており,多数のクレーターと崖がある。これは大気や水が存在しなかったため侵食が起こらず,非常に古い地形が変化しないで残っているためである。

17 金星は,大きさ,質量ともに地球の約10分の1の小さな惑星である。表面には大気と雲があり,その成分や量は地球とよく似ているが,気圧が約90気圧もあるため,表面の気温は460℃にも達している。

18 金星は,他の惑星に比べて,自転周期が最も長い。

19 衛星がない惑星は,水星と金星である。

20 金星が明け方の東の空に見えて,明けの明星と呼ばれるのは,金星が公転軌道上で太陽と地球の間を通過してから,地球から見て太陽の反対側を通過するまでの間である。

21 火星は,体積が地球の約7分の1,質量が約10分の1である。地球に比べればはるかに少量ながら大気が存在しており,その成分は二酸化炭素が大部分で酸素や水蒸気なども少量含まれている。太陽に近いため,気温は非常に高温となり明るく輝いて見える。

22 火星の大気は二酸化炭素を主としていて薄く,大気圧は地球の100分の1以下である。地表は土壌に含まれる酸化鉄のため赤色である。

23 火星の表面は,赤茶色の濃い大気に覆われているので,赤みがかった惑星

として観測される。

24　火星には，季節の変化があり，極地方には二酸化炭素などが凍ってできた極冠がある。
25　火星には，ガリレオ=ガリレイによって発見されたイオなど，活火山を有する衛星がある。
26　火星の軌道は，地球より太陽に近いので，地球から見ると太陽からある角度以上離れられず，明け方と夕方しか見ることができない。
27　火星には，巨大な火山や峡谷が存在するが，水が流れていた跡は認められていない。
28　火星は地球とは逆向きに，約243日という長い周期で自転している。
29　火星の自転周期は24時間37分であり，自転軸は公転面に対して約25°傾いているので，地球のような季節の変化が見られる。
30　火星の公転速度は，太陽系の惑星の中で最も速く，約88日で一周する。太陽から受けるエネルギーは，同一面積当たり地球の約6.7倍である。
31　木星と土星の軌道の間にはおびただしい数の小天体が存在し，太陽のまわりを公転している。これらを総称して小惑星というが，大部分の小惑星は球形をしている。
32　小惑星は，主として地球と火星の軌道の間に点在する。
33　木星は，太陽系の中で最大の惑星であり，地球の約300倍の質量を持ち，半径は地球の約11倍である。大部分が水素とヘリウムからできており，これらが大気層を形成するとともに，中心部に入るにつれて圧力のために気体から液体，そして固体へと変化すると考えられている。
34　木星の自転周期は太陽系の惑星の中で最も短く，質量は約320倍である。
35　木星の表面は，二酸化炭素を主とする厚い大気に覆われ，その温室効果により表面温度は460℃に達し，大気圧は表面では90気圧にもなる。
36　木星にはほとんど大気がないため，大洋に面する側（昼）と反対側（夜）の表面温度の差は500℃以上になる。
37　木星の大気活動は活発であり，大気の循環によってしま模様が生じているほか，「大赤斑」と呼ばれる巨大な渦が見られる。
38　土星は，地球の約100倍の質量を持ち，地球と同じように，大気のほとんどは窒素と酸素からできている。土星の周りに見える環は，土星周辺のガスが引力によって部分的に濃縮し，それらが光を反射しているものである。

39 彗星の核は，ちり等を含んだ氷のかたまりであり，太陽に近づくと，核からガスやちりが放出される。その一部が，太陽と反対方向に飛ばされて，長い尾が形成させることがある。

40 流星の多くは大気中で燃え尽きて消滅するが，ケイ酸塩成分が燃え尽きて金属成分だけが残り，地上に落下するものがある。これらは隕石と呼ばれ，主成分は銅や鉛である。

解答と解説

1(B) ×　自転，交点ともに「時計回り」→「反時計回り」。

2(A) ×　月は，自転，公転周期いずれも約27日で，夜が約2週間続くことになる。大気はないが，最高気温は100℃を超えることもある。このように，気温変動が大きいのは，同じく大気を持たない水星も同様である。

3(A) ○

4(A) ○

5(A) ×　「約6か月」→「約11年」。また，黒点の「多い」時期が太陽活動が活発となる。

6(B) ×　黒点は高緯度（北極，南極）にも，極端な低緯度（赤道付近）にも現れることはほとんどない。寿命は長くても数か月である。自転については正しい。

7(B) ×　黒点は強い磁場により，対流活動が弱められて発生する。また，通信障害などが起こるのは黒点「増加後」である。黒点が多いときに活動が活発となることに注意。

8(A) ○

9(A) ×　最も多い元素は「水素」，次が「ヘリウム」である。なお，割合は，水素が73.5%，ヘリウムが24.9%である。

10(B) ×　基本的に太陽は南の空に上がることに注意すること。ということは太陽が北にずれるというより，ちょうど真上に上がるといったほうが近い。つまり，北にずれるのが夏で，冬は南にずれる。そうすると，本文は春分点と秋分点が逆であることがわかる。

11(A) ×　恒星（星座）の動きは日周運動も年周運動（同じ時間に星座を見る）も東から西であるが，逆に恒星を基準にすると，太陽は星座の間を西から東へ移動するように見える（惑星も同じ）。これが逆になっている。しか

し，それより決定的なのは，周期が1年だということである。

12(A) ○
13(A) ○
14(B) ×　水星のみならず金星も衛星を持たない。なお，ボーデの法則に従うのは惑星である。これは，地球と太陽の距離を1としたとき，惑星の距離が，$0.4+0.3\times2^n (n=-\infty, 0, 1, 2, \cdots 8)$ で表されるというもので，天王星の発見に役立った。ただし，この意味はよくわかっておらず，むしろ偶然ではないかと考えられている。
15(B) ×　惑星は，基本的に星座の間を西から東に動くことを知っておくとよい。すると，順行と逆行が逆であることがわかる。
16(A) ×　水星の大きさは地球の約40％で，最も小さい惑星である。
17(A) ×　金星の大きさ，質量はほとんど地球と同じである。大気の説明は正しい。
18(A) ○
19(A) ○
20(A) ○
21(A) ×　火星は，地球と比べ太陽とは遠く，低温である。
22(A) ○
23(A) ×　火星の赤は，地表の色である。前問参照。
24(A) ○
25(B) ×　記述は木星についてのものである。
26(A) ×　記述は水星，金星のものである。火星は地球より太陽から遠い。
27(B) ×　土石流の跡が見つかっており，これは水が流れていた証拠と考えられる。
28(A) ×　記述は金星についてのものである。
29(A) ○
30(A) ×　記述は水星についてのものである。
31(B) ×　小惑星の形状は不規則である。
32(A) ×　火星と木星の軌道の間である。
33(A) ○
34(A) ○
35(A) ×　記述は金星のものである。その成分は水素，ヘリウムが大半である。

36(B) ×　記述は水星のものである。

37(A) ○

38(A) ×　質量は正しい。大気は水素，ヘリウムがほとんどである。また，輪は酸化鉄，氷などの細かい粒子であると考えられている。

39(A) ○

40(B) ×　隕石に残る物質はケイ酸塩成分と鉄成分で，その割合によって分類されている。

○地震

最後に出題数は少ないのですが，地震関連の過去の問題も紹介しておきましょう。似たような問題がないか，確認してみてください。なお，このほかに，地震は空欄補充の形で過去に出題されたことがあります。

1　地震が起こると，まず小さな揺れの初期微動が観測され，続いて大きな揺れの主要動が観測される。初期微動が始まってから主要動が始まるまでの時間が長いほど，地震そのもののエネルギーは大きくなる。

2　地震に伴い海底で急激に大規模な地盤の隆起や沈降が起こると，海水が垂直に動き，津波が生じる。津波の進む速さは海が深いほど速く，また，奥にいくほど狭まる形の湾では，波が湾の奥に進むにつれて1か所に集められるため，波の高さが急激に高くなる。

3　津波とは，地震に伴って海底が急に変化することによって起こされる波で，外洋での波高は1メートル程度であるが，海岸に近づくと波高は高くなる。ただし，リアス式海岸のような湾に入ると，湾奥に進むにつれてエネルギーは分散され，波高は低くなる。

4　地震の揺れの大きさは震度で表され，一般に，柔らかい地盤でできている地域より固い地盤でできている地域の方が震度は大きくなる。また，地震の規模を表すマグニチュードが1増えるとおよそ10倍になり，2増えるとおよそ20倍になる。

5　地震には，震源の深さが100kmを超えない浅発地震と100kmを超える深発地震があるが，日本海溝で沈み込む太平洋プレートに沿った部分では主に浅発地震が発生し，深発地震はほとんど起こらない。この地帯で起こる地震の震源の分布は1つの面を形成しているように見え，この面を浅発地震面と

いう。

6 地殻の浅い部分で大規模な地震が起こると，断層運動の影響が地表に現れることがある。これを地震断層というが，一度地震断層が形成されるとその地域の地殻が安定するため，将来同じ地域で地震が起こることはない。

7 活断層はプレートとマントルの境界線に存在し，マントルの沈み込みにより活断層が動き地震を引き起こす。わが国の代表的な活断層として，本州の中部地方を南北に分布する中央構造線が挙げられる。

解答と解説

1 (A) × 初期微動が観測されてから主要動が観測されるまでの時間を，初期微動継続時間という。これは震源からの距離に比例するが，地震のエネルギーとは関係がない

2 (A) ○

3 (A) × 2を参照のこと。リアス式海岸の湾のように，奥まった狭い湾では，地震のエネルギーが集中するため，波高は高くなる。

4 (A) × マグニチュードが2増えると，地震のエネルギーは1000増えるように決められている。1増える場合は，およそ32倍である。

5 (A) × プレート境界型の，プレートが沈み込む場所で起こる地震は，プレートが沈み込んだ深い場所が震源となるため，深発地震となる。この震源の起こる面を深発地震面，あるいは「和達－ベニオフ面」という。

6 (A) × 地震断層には，一般には継続して力が加わるため，むしろ，再び地震が起こる可能性がある。

7 (A) × 活断層は一般にプレートの内部に存在する。また，中央構造線の一部は活断層になっているが，全体が活断層というわけではない。

各自で頻出のテーマを調べて，以上のような要領でまとめてみるとよいでしょう。

Chapter 2-9 人文科学系科目

　人文科学系科目は，思想，文学・芸術，日本史，世界史，地理の5科目です。まずは出題数を見てみましょう。

	思想	文学・芸術	日本史	世界史	地理
国家総合職（大卒程度）	一般知識全体で13問				
国家総合職（院卒者）	一般知識全体で6問				
（旧国家Ⅰ種）	4	1	2	3	2
国家一般職	一般知識全体で13問				
（旧国家Ⅱ種）	2	2	2	2	2
地方上級（全国型）	0	0	2	3	2
東京都	0	0	1	1	1
特別区	1	1	1	1	1

※科目ごとの出題数は年によって変わる場合がある。
※地方上級は，関東型，中部・北陸型では問題数がやや増加する。

　人文科学系科目は，全科目知識問題です。そして，自然科学系科目と異なり，**割り切りが必要な科目**といえます。まず，全科目とも出題範囲は高校範囲と考えてよいでしょう。そのため，かなり試験範囲が広いと思って間違いありません。さらに，高校でこれらの科目をあまり勉強しなかった人が多いでしょう。そのため，できれば避けたい人が多いと思います。しかし，問題数を考えると，たとえば，国家総合職（院卒試験）で英語が得意な人などの例外を除けば，社会科学がさらに厳しいことと合わせ，合格のためには，いくらかはここ

でも得点できるようにしたいところです。

　そうなると，大切なのは，科目を絞ることです。もちろん予備校などの講義が利用できるなら，全科目を用意することもできるかもしれません。しかし，教養ばかりに時間を取られては元も子もありません。ですので，基本的には，予備校などで全科目の講義が受けられる場合にも，頻出項目のみ押さえる科目と，しっかり対策する科目に分けたほうがよいでしょう。

　では，どの科目を用意するのがよいのでしょう。まず，特に高校で勉強していて得意な科目があるのであれば，それを準備してかまいません。たとえば，僕の高校での社会の選択科目は日本史でした。実際に学生時代に受験したときに用意した科目は，思想と日本史です。日本史を選んだ理由は，高校時代になじみがあり，参考書などが残っていたところにあります。では，そうでない場合はどうでしょう。

　まず，出題範囲の狭い科目がよいでしょう。その意味では，思想，文学・芸術が当てはまります。しかし，文学・芸術は出題数も少ないのが現実です。ですので，思想のほうがよいでしょう（もちろん両方対策してもよいですよ）。ただ，表からわかるとおり，国家公務員試験ならそれでよいのですが，地方上級はやはり出題数も少なくなっています。

　もう1つ基準を挙げると，なじみやすい科目の方がよいでしょう。その意味では地理がよいのではないかと思います。実際，地理を用意している受験生が多いように思われます。もちろんどれがなじみやすいかは，人により違いもあると思います。しかし，地理であれば，問題数もそれなりにありますので，対策を取る価値があるように思われます。

　以上から，国家公務員試験は思想または地理，地方上級試験は地理から対策をとることがおすすめです。そして，できれば2科目程度（場合によっては1科目でも構いませんが）対策をするのがよいと思います。ただ，それ以上となると，時間もかかってきます。必要な点数にもよるのですが，それで目標点数に足りるのであれば，2科目程度までにとどめておくのがよいように思います。

　ちなみに，知識問題の勉強方法の基本的な勉強の方針は，自然科学の生物の項目を読んでみてください。

　なお，最後に，旧国家Ⅰ種で思想，歴史の出題が多かったのは，この科目を

重視する,と以前の問題数の改訂時に予告があったからです。この方針が問題数も変わる新試験でも貫かれるのかはわかりません(当時,英語の問題数の増加も予告され,実際に増加しました。今回の制度改正では,英語重視についてはアナウンスがありましたが,思想と歴史については人事院から特にコメントはありません)。しかし,人文科学全体の問題数が減少したため,おそらく今までほど極端な問題数の差にはならないと思われます。

Chapter 2-10
社会科学系科目

　社会科学系科目は，主に法律・経済とそれに伴う時事，国際情勢，さらに社会学などを含む分野です。まず，問題数を見てみましょう。

	社会	政治・経済	社会事情
国家総合職（大卒試験）	一般知識全体で13問		
国家総合職（院卒者）	一般知識全体で6問		
（旧国家Ⅰ種）	2	6	3
国家一般職	一般知識全体で13問		
（旧国家Ⅱ種）	4	6	0
地方上級（全国型）	5	8	0
東京都	0	4	5
特別区	1	5	6

※科目ごとの出題数は年によって変わる場合がある。
※地方上級は，関東型，中部・北陸型で問題数が変わる場合がある。

　実は，社会科学系科目は，一般知識分野の中でも**最も扱いの難しい科目**です。技術系の場合，高校でなじみがない，というだけでなく，たとえば，行政系の場合，法律・経済はもちろん，政治学や行政学なども専門試験でも課されるため，専門試験の対策でこれを兼ねることができます。ちょうど技術系にとっての自然科学みたいなものですね。ところが，技術系の場合，そうはいきませんので，学習する場合は一から始めることになります。その際，予備校，あるいは通信講座などで勉強する場合（あるいは参考書も一部では同じかもしれませんが），行政系の受講生のほうが断然に多いため，重複を避けるなどの理

由で，肝心の所が割愛される場合があります。行政系であればよいのでしょうが，技術系の場合には，十分に注意をしてください。また，もしかしたら，高校で政治・経済の科目をしっかりと勉強した人もいるかもしれませんね。実際，僕も大学生のとき，大学のガイダンスで「政治・経済は，高校の教科書が1つしかないので，対策はほかより簡単だ」などと言われ，（当時，過去問が公開されていなかったこともあり）センター試験対策の問題集と教科書で勉強したものの，まったく太刀打ちできなかった，という思い出があります。今ならば，過去問がありますので，同じことにはならないと思いますが，ほかの自然科学・人文科学が高校範囲の出題が多いのに対して，この分野だけは，**高校範囲では完全に不足**してしまいます。その意味でも，独学でもなかなか対応しにくい分野といえます。

　さらに，質的な問題もあります。自然科学系科目，人文科学系科目は，出題形式，難易度の差こそあれ，出題範囲は試験種によってさほど違いがありません。しかし，社会科学系科目は，試験種によって，出題の質自体が大きく変わるのです。まず，国家公務員試験は，全体として時事問題に近い出題が多くなっています。法律などでは時に細かい判例の問題が見られることもあります。一方，地方上級の政治・経済は，法律・経済の理論的な出題が目につき，専門分野よりは易しい問題，というレベルです。ただし，近年は社会の出題数が増えており，これはほとんどが時事問題です。また，東京都，特別区も，どちらも社会事情という形で，細かい時事問題も出題してきます。

　以上を考えると，まずは，**対策の中心は時事問題**となります。なお，表で「社会事情」とあるのも時事問題ですので，試験種によっては，時事問題が重視されていることがわかるかと思います。時事対策は面接対策にもなるため，やはりある程度は時事を見ていくことになると思います。

　そのうえで，地方上級を受ける人は，法律・経済について過去問や問題集で勉強していくのがよいと思います。ただ，時事問題と比べると，特に予備校の講義などがなければ，やや重要度の下がる部分になるのではないかと思います。

　いずれにしても，自然科学系科目，人文科学系科目とはようすがやや異なっています。単純に教科書で学習すればよいという科目ではないことには注意してください。

コラム
教養試験の参考書・問題集

　ここで，教養試験用の参考文献をいくつか挙げておきましょう。参考書は，基本的には書店で実物を手に取ってみて，自分に合うものを選ぶのがベストですが，今では数多くの書籍が出版されているため，悩むところも多いと思います。技術系の受験者にとって役立つものをいくつか紹介しましょう。

文章理解

『文章理解　すぐ解ける　直感ルールブック』　瀧口雅仁　実務教育出版

　文章理解の特に現代文は問題数が限られているため，倍率が低い場合にはあえて対策をしない場合もあるかもしれませんが，倍率が高い場合には，対策を取るべきでしょう。文章理解は誰でも解ける，という誤解があるようですが，0点を取ることはまれでも，確実に高得点を取ることは難しいものです。しかし，実は解くための方法がちゃんとあるのです。この書籍は，細かすぎるところがあるのは否めませんが，解くためのルールがまとめられていますので，この全部ではなく，自分が吸収できるところを吸収する，という態度で読むだけでも，問題文の読み方に違いが出てくるのではないかと思います。なお，英文の問題も収録しています。

判断推理・数的推理

『畑中敦子の判断推理の新兵器！』『畑中敦子の数的推理の大革命！』　畑中敦子　東京リーガルマインド

　いずれも，判断・数的の参考書では，スタンダードといわれている書籍です。出版されたのは，だいぶ昔のこととなりました。これ以降に出版された参考書は，多かれ少なかれ，この書籍の影響を受けています。特に重視してほしいのは，判断推理の空間把握のテクニックです。数的推理に関しては，技術系の場合，より高度な数学知識が利用できます。問題が古いという欠点もありますが，解説は詳しいので，入門書としては選択肢の一つに入ります。

『畑中敦子の数的推理 ザ・ベスト プラス』『畑中敦子の判断推理 ザ・ベスト プラス』畑中敦子　エクシア出版

　こちらは最近の問題を掲載している書籍です。以前は，少しあっさりした解説でしたが，リニューアルされて，より詳細な解説に変わりました。特に近年の問題に合わせて判断推理・空間把握のテクニックを身につけたい人はこちらを選ぶとよいでしょう。数的推理に関しては，前述の本と同様，技術系の人は自分なりの解法で構いません。

一般知識分野

『新スーパー過去問ゼミ』シリーズ　実務教育出版

　一般知識分野の問題集は，自分に合うものであれば何を使っても構いません。大切なことは「短期間で多くの問題を回すことができる」ように作られているものを選ぶことです。ですので，掲載問題数が多く，解説も要点のみを端的に書いたものがおすすめです。したがって，そのような条件に合っていれば，ほかの問題集でも構いません。ここでは多くの受験生が使っていると思われる問題集を挙げましたが，これが絶対というわけではありませんので，書店で比較してみるとよいでしょう。

時事

『公務員試験　速攻の時事』　実務教育出版

　これは公務員用の時事対策書籍としては，事実上の標準といってもいい書籍です。東京都など，時事問題が多く出題される場合には特に入念に用意しておくとよいでしょう。なお，国家公務員試験の社会科学も，何問かは事実上，時事の問題ですし，地方上級の社会も時事がほとんどです。

PART 3

専門試験対策

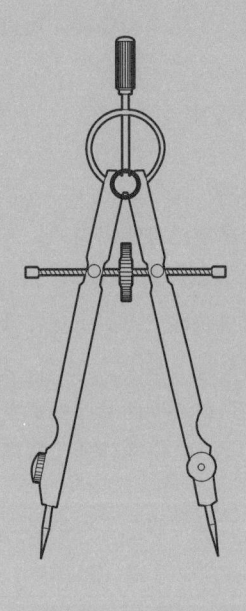

Chapter 3-1 専門試験の概要と学習法

（1）専門試験のアウトライン

いよいよ専門について見ていくことにしましょう。

専門試験は，多くの試験において配点が教養試験よりも高く，さらに点数差がつきやすいために，**一次試験の最大のポイント**となります。

その専門試験ですが，実は工学系の場合，東京都，特別区など特別な試験制度をとっている自治体を除いては，内容が「工学の基礎」とそれぞれの職種の「専門」とに大きく2つに分かれます。

工学の基礎・・・数学・物理
専門分野・・・それぞれの職種の専門科目

工学の基礎は，国家公務員試験では，正式には「工学に関する基礎」という科目ですが，その内容は「数学・物理」です。地方上級試験でも，「数学・物理」の部分は，ほとんどの自治体で同じ内容と考えられるため，これも「工学の基礎」と言ってよいでしょう。出題の多くは高校範囲から出題されています

国家総合職・工学	工学の基礎（20問）	専門（20問）
国家一般職※	工学の基礎（20問）	専門（20問）
国家一般職・建築職	工学の基礎（20問）	専門（13問）
国家一般職・化学職	工学の基礎（9問）	専門（31問）
地方上級※	工学の基礎（10問）	専門（30問）

※土木職，機械職，電気・電子・情報職。
※地方上級は代表的な例。総合土木職などでは，工学の基礎の割合が減る。

が，旧国家Ⅰ種試験の一部は高校範囲を超え，大学教養範囲からの出題になっていました。その出題比率は表のようになっています。

特に，今回の国家公務員試験の制度変更で，国家一般職の工学の基礎の割合が50％になり，旧国家Ⅱ種試験のおよそ30％と比べて格段に増加したところが，技術系としては重要な変更でした。一方で，地方上級試験では，工学の基礎の重要度は，出題数で見ればそこまで大きくはありません。国家一般職と地方上級を併願する人も多いと思いますが，この違いには十分注意が必要です。

一方，各職種の専門分野は，基本的には大学で学習する範囲から出題されます。そのため，大学で学習したときのノートや教科書があれば，それは用意しておくべきでしょう。

とはいえ，公務員試験は1問について数分から長くても10分程度で問題を解いていかなければなりません。逆に言えば，短時間で解ける問題が出題されており，さらに言えば，「差がつく問題」が用意されているということです。そのため，**公務員試験独特の癖があります**。また**頻出分野にも偏りがあります**。

そこで，**必ず過去問を使った学習が必要になります**。とはいえ，過去問を問題順に解いていくだけでは，効率はあまり上がりません。どの科目から勉強していくか，などは人によって違うかもしれませんが，まずは手に入れた過去問全体を眺めてみて，どのような問題がよく出題されているかをまとめてみると，学習の目処がつきます。これから，効率よく学習を進められるように，重要なテーマについて典型問題を交えながら解説していきます。

では，ここで専門試験の学習のポイントを挙げていきましょう。

① 公務員試験に合わせた学習を

よく「大学で学んでいれば，専門は学習しなくてよい」という言い方をされることがあります。これはある意味，正しくもあり，間違ってもいます。大学の講義の範囲内から出題されるため，大学での学習が基礎になることは確かです。しかし，それはほかの受験者も同じです。公務員試験では，ほかの人よりも1点でも上にいかなければいけないのです。また，前述したとおり，公務員試験には特有の癖があります。ですから，大学でしっかり学習した人が有利なのは確かですが，「有利であるにすぎない」という点には注意が必要です。

② 専門の学習こそ重視せよ

　教養試験が「ベースとなる試験」と言えるのに対し，専門試験は，ほかの受験者と差をつけ，一次試験の合格を決定づける試験と言ってよいでしょう。よく，技術系の場合には，「専門試験はみんなできるから，教養試験で差がつく」という言い方がされる場合があります。しかし，これは技術系の実情を正確には表していません。確かに，教養試験と比べて，専門試験では高得点を取る受験者が多くなります。しかし，決して高得点をとる受験者が大多数を占めるということはありません。それは，公表されている平均点などから容易に推測できます。正しくは，「高得点が取れる受験者がいる一方で，点数が取れない受験者も多数いる」という状況なのです。これはまさに，「差がつく」ということでしょう。したがって，どの職種の試験であっても，教養ばかりを勉強しすぎないようにすることが大切なのです。

　また，実際に多くの試験では，専門試験の配点が，教養試験の配点より高くなっています。その意味でも，**専門試験が一番大切**なポイントです。

　さらにもう一つ言えば，多くの受験者が，専門試験の勉強のポイントをつかめていないため，ポイントをつかむことができれば，容易に差をつけることができる，という意味でも専門試験がカギになります。

③ 物理を重視せよ

　私が専門試験の中で最大のポイントと考えるのは，工学の基礎の**物理**です。もちろん物理自体のウエートが大きいこともあるのですが，**各職種の専門の問題の基礎にもなる**からです。たとえば，土木の3力学，機械の4力学などは，この物理を理解しているかどうかで大きく変わってきます。ですから，どこから勉強を始めるのか迷っている場合には，**まずは物理から始める**ことをおすすめします。

（2）工学の基礎の概略

　それでは，さっそく工学の基礎について見ていきます。

　工学の基礎は数学と物理に分かれます。まずはその出題比率を見てみましょう。

	数学	物理	合計
国家総合職	9	11	20
国家一般職	9	11	20
地方上級※	6	4	10

※地方上級は代表的な例。

　国家総合職，一般職では，数学と物理がほぼ同じ問題数になっており，今後もこの傾向が続くと考えてよいでしょう。一方，地方上級については，数学のほうが出題比率が高くなっています。地方上級については，巻末に最新の復元問題を掲載していますので，そちらのほうも確認してください。

　いずれにしても，工学の基礎は国家公務員試験では出題比率も高いですし，そもそも専門試験の問題を解くための基礎となる部分です。専門試験の問題を理解するうえでも，**工学の基礎は最重要視すべき**と言えるでしょう。ただし，単純に工学の基礎の問題が解けるようになるだけではなく，それが専門のどの部分に関連しているか，どのような出題がなされているか，という部分をしっかりつかむことが大切です。ここでは，各科目の概要を簡単にまとめておきましょう。

① **数学**

27年度　出題プロット			
No.	国家総合職	国家一般職	地方上級
1	整数	整数	逆行列
2	最小値と不等式	円と相似	級数展開
3	三角比と図形	パラメーター付き関数の微分	面積と積分
4	速さと微分	面積と積分	空間図形
5	面積と積分	ベクトルの内積	約数の個数のフローチャート
6	確率	微分方程式	論理回路
7	1次変換	三角関数の加法定理	
8	フローチャート	じゃんけんの確率	
9	確率密度関数	フローチャート	

数学のポイントは，ずばり**「公式知識」**と**「計算力」**です。

　数学には苦手意識を持っている人が少なくないと思います。特に大学の数学は複雑なので，それも仕方のないところでしょう。しかし，公務員試験では，あまり論理的な問題は出題されません。単純に，問題を解くための公式などの知識があり，計算が正しくできれば，たいていの問題は解けるようになっています。しかも，最近はほとんどが高校範囲の公式ばかりです。ただし，高校の数学とは出題範囲に偏りがあるので，注意が必要です。

　まずは，**微分・積分**の公式および計算を練習しましょう。そのうえで，**確率**の典型的問題，**行列，数列の和**の公式，**確率分布**まで学習しておくとよいでしょう。

　一方，フローチャートは癖があるため，独学では難しいかもしれません。専門で似たような問題が出題される電気・電子・情報職を除いては，専門試験に影響が出ないこともありますので，倍率がよほど高くない限りは，具体的に調べて解くことができる問題以外は，捨ててしまってもかまわないでしょう。

　なお，微分・積分に関しては，専門試験で類題が出題される場合がありますので，しっかりと用意をしたほうが無難です。

② **物理**

No.	国家総合職	国家一般職	地方上級
1	万有引力とエネルギー保存	重心	力のつりあい
2	剛体振り子	浮力と慣性力	非等速円運動
3	2質点の振動	万有引力と等速円運動	ドップラー効果
4	浮力	衝突と等加速度運動	状態方程式
5	熱力学第1法則	原子と原子核	
6	縦波の媒質の動き	ばね振り子	
7	ドップラー効果	フィゾーの実験	
8	点電荷の電位	p-V線図と仕事	
9	フレミングの法則	コンデンサ	
10	非線形抵抗を含む直流回路	直流回路	
11	電流計と電圧計	ローレンツ力と等速円運動	

近年，国家総合職でも大学教養範囲の問題は出題されておらず，どの職種でもほとんどが高校範囲から出題されるようになりました。その中でも，**力学，電磁気学**の問題は特に多く出題されています。

　物理の場合，出題範囲が広い割には，覚えるべき公式はあまり多くありません。力学・電磁気学を中心に，問題文を読んでから，図を描き，公式に代入するまでの一つ一つのプロセス・考え方をしっかりと理解しておいてください。いくつかの特に重要なテーマについては，この後の物理や機械職の専門の問題で少し詳しく説明してありますので，読んでみてください。

　なお，地方上級では，数学・物理ともに細かい知識問題や，かなり難しい問題が含まれる場合があります。学習を進める際には，こうした問題に多くの時間を割く必要はありませんが，国家公務員試験とは雰囲気が異なる場合もありますので，本試験前に了解して，心得ておくとよいでしょう。

　それでは，次の項目から，数学と物理の重要なテーマを，典型問題を交えながら解説していきます。いずれも，必ず学習すべきテーマです。もちろん，これですべてではありませんが，**公務員試験に必要な学習法，公式，考え方などを身につけていってください。**

　PART 3の後半は，それぞれの職種の専門試験について，概要と学習法をまとめました。テーマは，なるべくいろいろな職種に関連する内容を含むものを取り上げています。また，本文中で国家公務員試験と地方上級試験の違いなどにも触れていますので，どの職種を受験する方も，必ずひととおり目を通してください。

Chapter 3-2 工学の基礎（数学）

最優先テーマ 10　定積分の計算

典型問題　回転体の体積　　　　　　　　　国家Ⅱ種・18年度

図に示す曲線 $y=\cos x+1$（$0 \leq x \leq \pi$）と，x 軸，y 軸で囲まれる斜線部の領域を，x 軸まわりに回転させてできる立体の体積はいくらか。

1　π^2

2　$\pi^2 + \dfrac{4}{3}\pi$

3　$\dfrac{3}{2}\pi^2$

4　$\pi^2 + \dfrac{7}{3}\pi$

5　$\dfrac{3}{2}\pi^2 + \dfrac{7}{3}\pi$

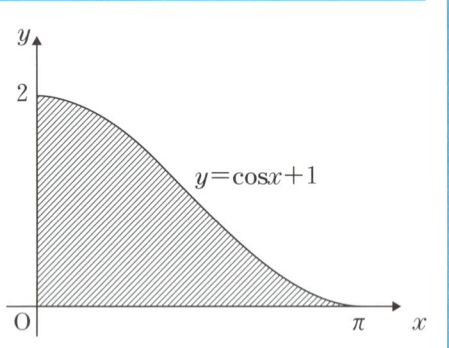

解　説

回転体の体積の公式より，

$$V = \pi \int_0^\pi (\cos x + 1)^2 dx = \pi \int_0^\pi (\cos^2 x + 2\cos x + 1)\, dx$$

$$= \pi \int_0^\pi \left(\frac{\cos 2x + 1}{2} + 2\cos x + 1 \right) dx = \pi \left[\frac{\sin 2x}{4} + 2\sin x + \frac{3}{2}x \right]_0^\pi$$

$$= \frac{3}{2}\pi^2$$

よって，正答は**3**です。

> **ここがポイント！** 確実に計算できることを目標に！

　積分の問題は，国家総合職でも国家一般職でも，ほとんどの問題が積分計算そのものを問うものです。その中で特に出題が多いのが，本問のような回転体の体積の問題です。そのほか，曲線の長さの計算なども出題されています。あまり複雑な問題を解くのではなく，確実に計算できることを目標に学習していくことが大切です。

公式 CHECK！

基本的な積分公式

$f(x)$の原始関数（不定積分）を$F(x)$とする。基本的な関数は次のとおりです。

$f(x)$	$F(x)$	$f(x)$	$F(x)$
x^n	$\dfrac{x^{n+1}}{n+1}$	$e^x (= \exp(x))$	$e^x (= \exp(x))$
$\dfrac{1}{x}$	$\ln x$	$e^{ax} (= \exp(ax))$	$\dfrac{e^{ax}}{a} \left(= \dfrac{\exp(ax)}{a} \right)$
$\sin x$	$-\cos x$	$\ln x (= \log_e(x))$	$x \ln x - x$
$\cos x$	$\sin x$		

多項式の定積分の公式

　多項式が因数分解されている場合の定積分では，以下の積分公式を使うことができる。

$$\int_a^b (x-a)^n (b-x)^m dx = \frac{m!n!}{(m+n+1)!}(b-a)^{m+n+1}$$

特別な場合として次の場合は覚えてもよい。

$$\int_a^b (x-a)(b-x)dx = \frac{1}{6}(b-a)^3$$

$$\int_a^b (x-a)^2 (b-x)dx = \frac{1}{12}(b-a)^4$$

部分積分

2つの関数の積の形の関数を積分する場合には，以下の部分積分の公式を使うことができる。ただし，$F(x)$ は $f(x)$ を積分したものである。

$$\int f(x)g(x)dx = \underbrace{F(x)}_{積分} \underbrace{g(x)}_{微分} - \int \underbrace{F(x)}_{積分} \underbrace{g'(x)}_{微分} dx$$

置換積分

関数の文字を置き換えたい場合には，置換積分をすることになる。ここで大切なことは，積分する関数だけを置き換えるのではなく，積分変数（$d\bigcirc$ となっている部分）の部分も置き換えなければならない，ということである。置換積分は以下の順番（$x \to \phi = \phi(x)$）で行う。

① 積分区間を変換する
② 変換する変数を微分する
   $d\phi = \phi'(x)dx$
③ 被積分関数を変換する

三角関数の積分

三角関数の積分は特によく出題されている。そこで，特に注意の必要なものを次の表にまとめた。

$f(x)$	$F(x)$	備考
$\sin x$	$-\cos x$	
$\cos x$	$\sin x$	
$\tan x$	$-\log |\cos x|$	分数の積分公式を使う
$\sin^2 x$	$\dfrac{x}{2}-\dfrac{\sin 2x}{4}$	半角公式を使う
$\cos^2 x$	$\dfrac{x}{2}+\dfrac{\sin 2x}{4}$	半角公式を使う
$\tan^2 x$	$\tan x - x$	$\tan^2 x+1=\dfrac{1}{\cos^2 x}$ の公式を使う

平面図形の面積

x, y 直交座標系で，$y=f(x)$ $(\geqq 0)$ と x 軸，$x=a$, $x=b$ とで囲まれた部分の面積 S は，次の式で表される。

$$S=\int_a^b f(x)\,dx$$

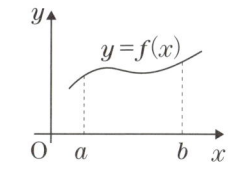

曲線の長さ

曲線 $y=f(x)$ の $x=a$ から $x=b$ までの曲線の長さ L は，次の積分で計算できる。

$$L=\int_a^b \sqrt{1+\{f'(x)\}^2}\,dx$$

また，曲線がパラメータ付き関数として，$x=x(t)$, $y=y(t)$ と表されている場合の曲線の $a\leqq t\leqq b$ の部分の長さ L は次の積分式で計算できる。

$$L=\int_a^b \sqrt{\left(\dfrac{dx}{dt}\right)^2+\left(\dfrac{dy}{dt}\right)^2}\,dt$$

回転体の体積

$y=f(x)$ $(\geqq 0)$ を x 軸の周りに回転したときの回転体の体積 V は，次の式で計算される。

$$V=\pi\int \{f(x)\}^2\,dx$$

また，2つの曲線 $y=f(x)$ と $y=g(x)$ $(>f(x))$ とで囲まれた部分を x 軸の周りに回転したときの回転体の体

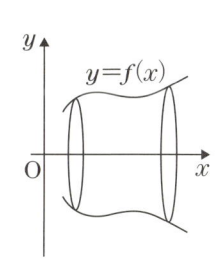

積 V は，次のように計算される。

$$V = \pi \int [\{g(x)\}^2 - \{f(x)\}^2] dx$$

一方，$x = g(y)$ を y 軸の周りに回転したときの回転体の体積 V は，次のようになる。

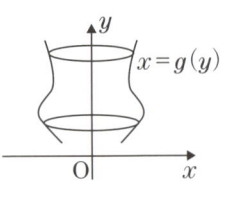

$$V = \pi \int \{g(y)\}^2 dy$$

しかし，この計算方法では，$y = f(x)$ の形で表されている場合に，これを「$x =$」の形にしなければならない（つまり逆関数にする）。しかし，そのように変形することが困難な場合もある。その場合には次のように積分しても計算できる。

つまり，$y = f(x)\ (>0)$ と x 軸，$x = a\ (>0)$，$x = b\ (>a)$ とで囲まれた部分を，y 軸の周りに回転したときの回転体の体積 V は，

$$V = 2\pi \int_a^b x f(x) dx$$

である。

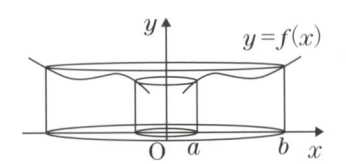

MATOME

- ●不定積分の計算は，三角関数を中心に確実に準備しておくこと。
- ●図形の積分公式をマスターしておくこと。

最優先テーマ 11 微分の応用問題

典型問題　一定条件の下で最適化する問題
国家Ⅱ種・19年度

図のように，薄い鉄板を用いて上ぶたのない円筒（直円柱）形の容器を作る。容積を一定に保ちながら，鉄板の使用量を最も少なくするとき，底面の半径 r と高さ h の比として最も妥当なのはどれか。

ただし，鉄板の厚さは無視できるものとする。

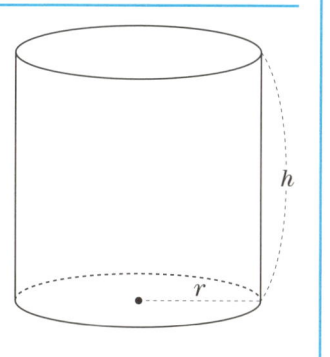

　　$r:h$
1　$1:1$
2　$1:2$
3　$2:1$
4　$2:3$
5　$3:2$

解説　（その１）

容積 V は一定で，$V=\pi r^2 h$ となります。ここで，求める鉄板の使用量は表面積 S と考えてよいので，円柱の側面積が（底面の円周）×（高さ）＝$2\pi r \times h = 2\pi rh$ と表されることから，

$S = \pi r^2 + 2\pi rh$

を最小にすればよいことになります。ここで，体積が一定のことから，$h = \dfrac{V}{\pi r^2}$ と表されるので，

$S(r) = \pi r^2 + \dfrac{2V}{r}$

最小となる場合なので，微分して 0 となる r を求めると（本問では図形的に明らかに極値が最小と考えてよいです），

$S'(r) = 2\pi r - \dfrac{2V}{r^2}$

$$= 2\pi r - \frac{2\pi r^2 h}{r^2} = 2\pi r - 2\pi h = 0 \qquad \therefore \quad r:h = 1:1$$

よって，正答は **1** です。

（その2）（V と S の式を求めた後）

新しい変数 k を用いて，新しい変数 $f(r, h, k)$ を次の式で定義します。

$$f(r, h, k) = \pi r^2 + 2\pi rh + k(\pi r^2 h - V)$$

r で偏微分して，

$$2\pi r + 2\pi h + 2k\pi rh = 0 \quad \rightarrow \quad r + h = -krh$$

h で偏微分して，

$$2\pi r + k\pi r^2 = 0 \quad \rightarrow \quad 2 = -kr$$

下の式を上の式に代入して整理すれば，$r = h$

ここがポイント！ ほかの科目でも頻出！

微分の問題は，①最大・最小，②接線，③増加率の問題が主に出題されています。特に①最大・最小の問題は専門の問題でもさまざまなところに出てくるため，単に工学の基礎の学習というだけではなく，重要な問題と考えて，やや難しめの問題まで用意しておくとよいでしょう。近年は問題が易しいため，工学の基礎の問題では，（その1）のように1文字消去で解くことができれば十分ですが，専門の問題まで視野に入れる場合には，（その2）のラグランジュの未定乗数法を用意しておくとよいでしょう。また，③増加率の問題も特殊ですので，事前に準備しておくことをおすすめします。

この問題では，（その1）ではやや計算量が多くなるので，最後に工夫をしています。この点を参考にしてください。

公式 CHECK！

微分の各種公式

① 積の微分公式

$$\{f(x)g(x)\}' = f'(x)g(x) + f(x)g'(x)$$

② 商の微分公式

$$\left\{\frac{f(x)}{g(x)}\right\}' = \frac{f'(x)g(x) - f(x)g'(x)}{\{g(x)\}^2}$$

③ 合成関数の微分

$$\frac{d}{dx}\{f(y)\} = \frac{df}{dy}\frac{dy}{dx}$$

微分による接線の求め方

曲線 $y=f(x)$ の $x=a$ における接線の傾きは，
$\tan\theta = f'(a)$
となる。したがって，$x=a$ における接線の式は，次のようになる。

$y = f'(a)(x-a) + f(a)$

この方法で接線を求める場合，基本的に接点の x 座標を文字で置く必要がある。

条件付き最適化（消去法）

単純に最大，または最小の場合を求めるのではなく，特定の条件の下で最大，最小となる場合を求める問題を条件付き最適化の問題という。条件がつくため，通常2変数以上の問題となる。

なお，この場合，最大あるいは最小にする関数を「目的関数」という。

この問題を解く最も単純な方法が，条件を使って変数を消去して1変数の問題にしてしまうことである。この場合には，以下の手順となる。

① 立式
② 1文字消去
③ 微分

ラグランジュの未定乗数法

目的関数を $f(x, y)$ とし，条件を $p(x, y)=0$ とする。このとき，k を新しい変数として，新しい $F(x, y, k)$ を次のように作る。

$F(x, y, k) = f(x, y) + kp(x, y)$

これを使うと，次のようにして，問題を解くことができる。

① 立式する
② $F(x, y, k)$ をつくる
③ すべての変数（k も含む）で偏微分して，「=0」とする

④ ③を解く

合成関数の微分

位置 x の関数である $f(x)$ の時間 t での微分は，次のように合成関数の微分の公式を応用して計算できる。

$$\frac{df}{dt} = \frac{df}{dx}\frac{dx}{dt}$$

これを利用すれば，どんな式であっても，どんな文字でも微分することができる。たとえば，

$$x^2 + y^2 = 1$$

に従って動く動点 $P(x, y)$ を，そのまま時間 t で微分すると，

$$2x\frac{dx}{dt} + 2y\frac{dy}{dt} = 0$$

となる。

MATOME

- 積分と比べると，複雑な応用問題が多い。過去問で出題パターンを把握すること。
- 条件付きの最適化，合成関数の微分の問題は準備しておくこと。

最優先テーマ **12** 確率

典型問題　条件付きの確率
国家Ⅱ種・19年度

工場Aと工場Bではある共通の製品を製造しており，この製品について，1か月間の工場Aでの製造数は，工場Bでの製造数の3倍であり，工場Aで製造された製品が不良品である確率は，工場Bで製造された製品が不良品である確率の$\frac{1}{2}$倍であることが分かっている。二つの工場で製造された製品は，1か月ごとに1か所に集められて出荷されるが，集められたものの中から一つを取り出して検査をしたところ，不良品であった。この不良品が工場Aで製造されたものである確率はいくらか。

1　$\frac{1}{3}$

2　$\frac{1}{2}$

3　$\frac{3}{5}$

4　$\frac{2}{3}$

5　$\frac{3}{4}$

解説

工場Aで1か月に生産された製品数をaとし，不良品である確率をpとすると，工場Aの1か月に生産された製品中の不良品の数はapとなります。

一方，工場Bで1か月に生産された製品数は$\frac{a}{3}$であり，不良品である確率は$2p$なので，工場Bの1か月に生産された製品中の不良品の数は$\frac{2ap}{3}$となります。

したがって，求める確率は，$\dfrac{ap}{ap+\frac{2}{3}ap}=\dfrac{3}{5}$で，正答は**3**です。

ここがポイント！ 教養の対策も兼ねる！

　確率の問題は，大きく通常の確率の問題と確率分布の問題に分けることができます。通常の確率の問題は，電気・電子・情報職では専門の試験に出てくることもありますが，それ以上に，教養の数的推理で出題されます。教養の数的推理の方がバリエーションも難易度も高いものが含まれていますので，教養の対策と兼ねてもよいでしょう。一方，確率分布の問題は公式を覚えて積分計算をすることになります。特に地方上級で出題可能性が高いのですが，用意してあれば確実に解くことができます。

公式 CHECK！

確率

　確率とは，あることが起こる可能性を示した割合と考えてよい。つまり，すべての場合が対等で等確率で起こると考えてよい場合（同様に確からしい）には，場合の数の割合をとることで確率を計算することができる。つまり，全部で n 通りの場合があり，これらがすべて起こる確率が等しい場合に，その中の k 通りの事象が起こる確率 P は，次の式で表すことができる。

$$P = \frac{k}{n}$$

積の法則・和の法則・独立試行の確率

① 確率の和の法則

　確率 p の事象 A と確率 q の事象 B が同時には起きないとき，A または B の起こる確率は，次のように和で表される。

$p + q$

② 確率の積の法則・独立試行の確率

　確率 p の事象 A と，確率 q の事象 B が独立に起こるとき，これらが順番に A，B と起こる確率は，

$p \times q$

となる。

また，事象Aが起こる確率をpとするとき，繰り返しn回試行した場合に，pがr回起こる確率は，n回の中でどこでAが起きたのか，という場合の数をかけて，次のように表される。

$${}_nC_r p^r (1-p)^{n-r}$$

余事象

確率をすべて加えると1になる。そこで，ある事象が起こる確率がpのとき，この事象が起きない確率は，$1-p$となる。この「起きない」確率を余事象という。

条件付き確率（原因の確率）

ある事象Aが起こる確率がp，事象Aが起こり，しかもBが起こる確率がqとする。このとき，「事象Aが起こった」という条件の下で（つまり，事象Aが起きたことを前提として），事象Bが起こる確率は，次の式で表される。

$$\frac{q}{p}$$

同じようにして，下の図のとおり，ある事象Aが起こる原因にP，Qの2つがあり（これらは同時に起きないものとする），Pが起こる確率がp，Pが起きてしかもAが起こる確率がa_1，Qが起こる確率がq，Qが起きてしかもAが起こる確率がa_2，とすると，Aが起きたとき，Pも起きている確率は，次の式で表される。

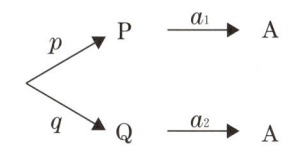

```
        p ↗ P ──a₁──▶ A
          ↘ 
        q   Q ──a₂──▶ A
```

$$\frac{pa_1}{pa_1 + qa_2}$$

離散型確率分布

確率変数（得点とでも考えるとよい）Xの生起確率を$P(X)$とするとき，Xがとびとびの値を取るとき，$P(X)$を離散型確率変数という。これには，以下の性質がある。

(a)　$0 \leq P(X) \leq 1$

(b)　全確率を考えて，
$$\sum P(X) = 1$$

期待値（離散型）

期待値 $\mu = E(X)$ は，次の式で定義される。

$$E(X) = \sum X P(X)$$

期待値は，確率変数 X の平均的な現れ方を表す量と考えてよい。

連続型確率分布

$$P(a < x < b) = \int_a^b f(x)\, dx$$

と積分することで，確率を求めることのできる関数 $f(x)$ を確率分布または確率密度関数という。確率密度関数は，以下の性質を満たしている。

(a)　$f(x) \geq 0$

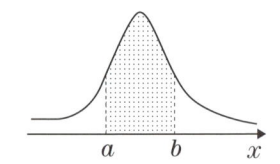

(b)　$\int_{-\infty}^{\infty} f(x)\, dx = 1$ （全確率）

期待値・分散（連続型）

期待値 μ，分散 σ^2 は以下の式で計算できる。

$$\mu = \int_{-\infty}^{\infty} x f(x)\, dx$$

$$\sigma^2 = \int_{-\infty}^{\infty} (x - \mu)^2 f(x)\, dx = \int_{-\infty}^{\infty} x^2 f(x)\, dx - \mu^2$$

MATOME

- 教養試験の数的推理と同時に学習すること。
- 確率分布は，期待値などの公式を確実に押さえていくこと。

最優先テーマ 13 フローチャート

典型問題　フローチャートを実行して調べる問題　　国家Ⅱ種・22年度

図のフローチャートを実行したとき，出力される S の値はいくらか。

1　125
2　1254
3　2016
4　3844
5　3969

```
START
  ↓
i←1
S←0
  ↓
┌─→ i≦63 ──No──→ Sを出力 ──→ END
│    │Yes
│   S←S+(2i−1)
│    ↓
│   i←i+1
└────┘
```

解説

問題のフローチャートに出てくる変数は S と i なので，まずは実際に調べてみます。フローチャートにしたがって，調べていくと次のようになります。

S	0	1	4	9	16	25	36	49	64
i	1	2	3	4	5	6	7	8	9

これより，S は平方数を順に計算するものだとわかります。そこで，最後に $i=64$ のときに S を出力することから，上の表を注意してみて，$63^2=3969$ が出力されることがわかります。よって，正答は **5** です。

ここがポイント！　慣れが大事！

フローチャートは高校ではあまり扱わないこともあり，情報系の人を除いては苦手な人が多いようです。実際の出題は大きく分けると，①フローチャートを実行する問題，②有名なフローチャートについての知識問題に分けられます。穴埋めの問題も，選択肢を活用すれば①に分類できます。有名なフローチャートのいくつかには難しいものもありますが，基本的には，本問のように表を書いて実行していくことで解くことができます。ある程度慣れてくると，繰り返し構造など，フローチャートの構造を意識してフローチャートを見ること

もできるようになるでしょう。ここまでできることが理想です。

この問題の場合，表を調べていくと，本問のフローチャートの計算結果について容易に推定できますが，フローチャートの繰り返し構造を把握していれば，$S=1+3+5+7+\cdots$ を計算していることが理解できます。こちらを計算しても正解が出てきます。

公式 CHECK！

フローチャートのルール

① 基本的ルール
   (1) 上から下に向かって，作業を行う
   (2) 矢印などで指示があれば，それに従って作業の順番を決める
② 作業，分岐
   (1) 四角内は作業を表す

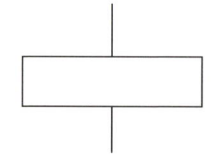

   (2) 菱形は分岐を表す。その際，質問文を菱形の中に書き，その答えを次に進む方向のわかる位置に書く

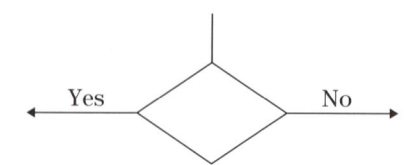

変数

フローチャートでは，変数という数学の文字に相当するものを使って計算していく。言い換えれば，変数の値を計算していくことで目的のものを計算することになる。つまり，変数がフローチャートの主役となる。

ただし，数学の文字とは次のように異なる点があるため，注意が必要である。
① 1つの変数に2文字以上の名前を使ってもよい　→　（例）a，Temp
② 「×」（乗算）は省略しない
③ 数だけでなく，文字が代入される場合がある

代入文

代入文は数式にはない計算であるが，フローチャートでは最も重要な計算である。フローチャートでは変数の値を変更することで目的のものを計算していくが，変数の値を変更するときに使われるのが，この代入文である。計算ルールは次のとおりである。

① 右辺の計算を終えてから最後に代入する
② 代入される右辺の変数は変更しない

具体的には次の例のようになる。

A←2 ： Aに2を代入する
A←B ： AにBの値を代入する（Bの値は変化しない）
A←A+1 ： Aの値を1増やす

変数表

フローチャートはものごとの順番を示した図であるので，問題の解法としては実際に順番どおりに計算してみることが最も単純である。その場合に，変数の値をうまくまとめる必要がある。そこで，変数の変化を表にまとめながら実際に計算していく方法が考えられる。この場合に注意する点は以下のとおりである。

① 変数と定数の違いに注意する
② 変数の変化に規則性がないか注意する

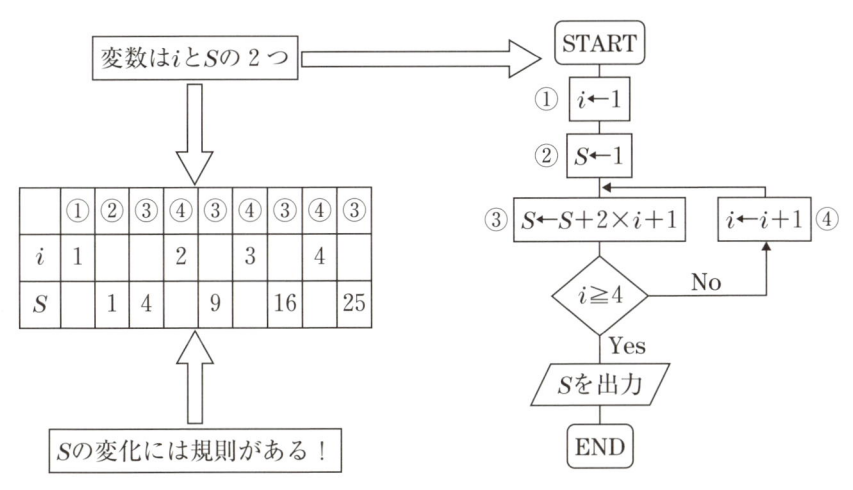

変数はiとSの2つ

	①	②	③	④	③	④	③	④	③
i	1			2		3		4	
S		1	4		9		16		25

Sの変化には規則がある！

START
① $i←1$
② $S←1$
③ $S←S+2×i+1$
$i≧4$
No → ④ $i←i+1$
Yes
Sを出力
END

ループ

次のフローチャートでは，作業 A を n 回繰り返している。これをループ（繰り返し）という。

このフローチャートは，次の部分からできている。

$i \leftarrow 1$：初期値
$i < n$：終了条件
$i \leftarrow i+1$：増分

それぞれの位置，値によって，繰り返し回数が変わる。

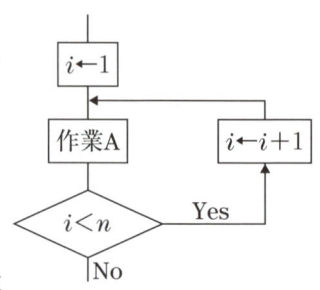

MATOME

- フローチャートのルールを理解すること。
- 考えるのではなく，フローチャートを実行して解いていくこと。
- 有名なフローチャートは覚えていくこと。

Chapter 3-3
工学の基礎（物理）

最優先テーマ 14 力・モーメントのつり合い

典型問題　ばねの入った力のつり合いの問題　　国家Ⅱ種・21年度

　図のように，水平な机の上に置かれている質量 M の物体Aを，軽い糸とばね定数 k のばねを使って質量 m の物体Bとつなぎ，滑らかな滑車を通して，物体Bを静止させた。このときのばねの伸びとして最も妥当なのはどれか。

　ただし，$M > m$ とし，重力加速度を g とする。

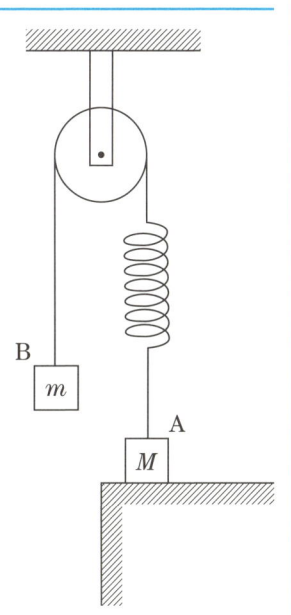

1　$\dfrac{(M+m)g}{k}$

2　$\dfrac{(M+m)g}{2k}$

3　$\dfrac{(M-m)g}{k}$

4　$\dfrac{Mg}{k}$

5　$\dfrac{mg}{k}$

解説

Bについての力のつり合いを考えます。ばねの伸びをxとすると，糸に伝わる力はkxで表されるので，

$$mg = kx \qquad \therefore x = \frac{mg}{k}$$

よって，正答は**5**です。

ここがポイント！ 力学系の基礎となる重要箇所！

力のつり合い，モーメントのつり合いは工学の基礎で頻出事項であるのみならず，土木職，機械職，建築職では，専門の力学系の基礎となっている部分ですので，ここの理解によって，専門の理解度も変わってきます。

さて，この問題ですが，解説はあっさりしていますし，解説を理解することは簡単なことです。しかし，本試験では，なかなか手間取った受験生が多かった問題なのです。力学の場合，①注目する物体を決め，②力を見つけ，③式を立てる（止まっているならつり合い，動いているなら運動方程式）という順番で確実に問題を解くことができる，ということを意識してください。この問題では，A，B 2つの物体がありますので，1つずつしっかり力を見つければ，確実に解けるはずなのです。

公式 CHECK！

力のつり合い

静止している物体について力のつり合いを立てる場合，次の手順を取る。
① つり合いを立てる物体を決めて書き抜く
② ①の物体に働く力をすべて図示する
③ 力のつり合いを立てる

摩擦力

接触力のうち，接触面に垂直な成分を垂直抗力，平行な成分を摩擦力という。摩擦力は次の3つの段階に分かれる。

名称	場合	大きさ	方向
静止摩擦力	静止しているとき	R	つり合いから求める
限界静止摩擦力	滑り出すとき	μN	滑りと逆
動摩擦力	滑っているとき	$\mu' N$	滑りと逆

円板の回転の場合には，摩擦力の方向は，重心の移動方向ではなく，接点のすべる方向を基準に考えないとならない。

モーメント

物体を回転させる力をモーメントといい，Mで表す。これは次の式で計算される。

$M = Fr$

r：うでの長さ

方向は，回転方向（時計回り・反時計回り）で決める。

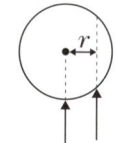

モーメントのつり合い

物体が静止しているとき，物体に働く時計回りのモーメントと，反時計回りのモーメントが等しくなる。つまり，モーメントはつり合う。

なお，静止している場合には，回転中心はどこにとってもよい（回転運動をしている場合には，そうはいかない）。

静止物体の力学

以上で，物体が静止している場合に必要な式がすべて出そろった。物体が静止している場合に，最終的には「力のつり合い・モーメントのつり合い」を目標とするが，確実に解くためには，以下の手順を取る。

① 注目する物体を決める
② 物体に働く外力をすべて図示する
③ 力のつり合い・モーメントのつり合いを立てる

（力のつり合いは，成分に分ける→力のつり合い，モーメントのつり合いは，回転中心を決める→うでの長さを計算する→モーメントのつり合いとなる）

力学モデル

ここでは，次の2つを強調しておく。

① 物体の力のつり合いに関係するのは，力の大きさ，方向，作用線のみであって，たとえば，物体の形状は関係ない。
② 物体に働く力が完全に一致しているのであれば，力のつり合いも一致する。たとえば，次の２つの構造において，構造を支える力（支点反力）はまったく一致している。

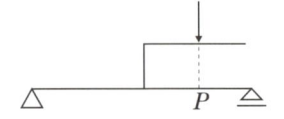

3力のつり合い

３つの力がつり合う場合には次の２つの場合がある。
① ３つの力が平行のとき
　　３つの力は天秤のつり合いと同じ関係にある。

$$\begin{cases} P = P_1 + P_2 \\ P_1 : P_2 = b : a \\ P_1 = \dfrac{b}{l} P, \quad P_2 = \dfrac{a}{l} P \end{cases}$$

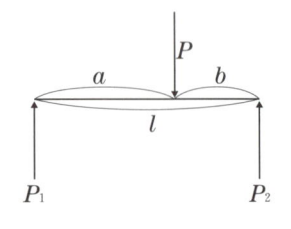

② ３つの力が平行でないとき
　　次の性質がある。
　　(i) ３つの力は１点を通る
　　(ii) ２つの力の和は，他の１つの力とつり合いの関係にある

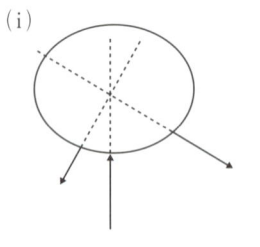

MATOME

● 考える物体を決め，力を見つけ，つり合い式を立てる，という手順を意識する。
● 土木職，建築職，機械職の志望者は専門試験との関係も考えること。

最優先テーマ 15 運動方程式，運動量保存，エネルギー保存則

典型問題　ロケットの分離と最高速度　　　国家Ⅱ種・23年度

ロケットの到達高度に関する次の記述の㋐，㋑に当てはまるものの組合せとして最も妥当なのはどれか。

ただし，重力加速度の大きさは g で一定とし，空気抵抗は無視できるものとする。

「鉛直に上昇しているロケットがある。ロケットが高度 h_0 に達したときの速さは v_0 であり，質量は m（本体の質量 $\frac{1}{3}m$，噴射物質の質量 $\frac{2}{3}m$）であった。その瞬間，質量 $\frac{2}{3}m$ の噴射物質を鉛直下向きに放出した。噴射物質の放出は，放出直後のロケット本体に対し，大きさ u の相対速度で瞬時に行われた。噴射物質を放出した直後のロケット本体の速さは v_0+ ㋐ であり，その後，ロケット本体は最高高度 h_0+ ㋑ に到達した。」

　　　　　㋐　　　　　　㋑

1　$\frac{1}{3}u$　　$\frac{1}{g}\left(v_0+\frac{1}{3}u\right)^2$

2　$\frac{2}{3}u$　　$\frac{1}{2g}\left(v_0+\frac{2}{3}u\right)^2$

3　$\frac{2}{3}u$　　$\frac{1}{g}\left(v_0+\frac{2}{3}u\right)^2$

4　$\frac{4}{3}u$　　$\frac{1}{2g}\left(v_0+\frac{4}{3}u\right)^2$

5　$\frac{4}{3}u$　　$\frac{1}{g}\left(v_0+\frac{4}{3}u\right)^2$

| 解　説 |

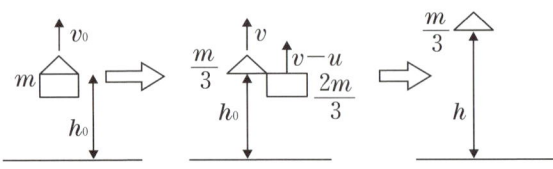

分裂直後の本体の上向きの速さを v とします。このとき，噴射物質の上向きの速さは，本体よりも u だけ遅いので，$v-u$ となります。

運動量保存則より，

$$mv_0 = \frac{m}{3}v + \frac{2m}{3}(v-u) \qquad \therefore \quad v = v_0 + \frac{2}{3}u$$

次に分裂直後の状態から，最高高度の状態について，力学的エネルギー保存則を考えると，

$$\frac{1}{2}\cdot\frac{m}{3}\left(v_0+\frac{2}{3}u\right)^2 + \frac{m}{3}gh_0 = \frac{m}{3}gh \qquad \therefore \quad h = h_0 + \frac{1}{2g}\left(v_0+\frac{2}{3}u\right)^2$$

よって，正答は**2**です。

ここがポイント！　最初と最後の図を描く！

動いている問題では，図を描いて考えることが大切です。ここでは，運動量とエネルギーの2つの保存則を使っていますが，いずれも保存する「最初」と「最後」の図を描くようにします。また，問題を解いていくときには，「どうしてこの問題がエネルギー保存なのか」などと考えていくことも大切です。保存則の問題では，基本はエネルギー保存則を使っていきますが，衝突や分裂の問題では，エネルギーが保存されないので，運動量保存なのです。

公式 CHECK！

等加速度運動の公式

加速度 a で直線運動している物体の，初速度を v_0，速度を v，時刻を t，座標を x，初期座標を x_0 とすると，次の式が成立する。

$$\begin{cases} x = \frac{1}{2}at^2 + v_0t + x_0 \\ v = at + v_0 \end{cases}$$

運動方程式（ニュートンの第2法則）

質量mの物体に力Fが加わって，加速度aで動くとき，次の式が成り立つ。
$$F = ma$$
ただし，物体の質量が変化する場合，速度vを用いて，次の形で用いなければならない。
$$F = \frac{d}{dt}(mv)$$

運動方程式の手順

運動方程式は，式の形からわかるとおり，力Fを加速度aに直す式だと考えることができる。そうすると，運動方程式を立てる場合には，力のつり合いと同様にまずは力を見つけることが必要になる。

そこで，運動方程式を使って問題を解く場合の手順は，次のようになる。

① 着目する物体を決める
② 力を図示する
③ 運動方程式に代入する

求まる値が加速度であるため，この後に，等加速度運動の公式が必要となる場合もある。

運動量保存則

質量mの物体が，速度vで運動しているとき，mvを運動量という。運動量は加わった力積の分だけ変化する。力積とは，力Fが時間Δt秒だけ加わっているとき，$F \cdot \Delta t$で与えられる。

次の図において，これを式にすると，

$$mv_0 + F \cdot \Delta t = mv$$

ただし，運動量はベクトル量であるため，各方向ごとに成立する。

2球の衝突

次図のように2球が，外力が加わることなく衝突する場合の速度は，次の手

順で求めることができる。
① 問題文から状況を図示する

衝突

M　V　　m　v　　　　　　M　U　　m　u

② 運動量保存則を立てる
$MV+mv=MU+mu$
③ 跳ね返り係数の式を立てる（後述）
$e(V-v)=u-U$
④ ②，③の連立方程式を解く

跳ね返り係数

物体に衝突するとき，物体が同じであれば，衝突前後で，（衝突面に垂直な方向の）相対的な速さの比は一定となる。そこで，この比のことを跳ね返り係数といい，e で表す。
① $0 \leq e \leq 1$
② $e=1$ のときの衝突を「（完全）弾性衝突」という。このとき，衝突前後で運動エネルギーの和は保存される。また，床・壁に衝突する場合には，入射角と反射角が等しくなる。
③ $e=0$ のとき，衝突後物体は一体となる。

エネルギー保存則

物体に外力，熱など，外部からエネルギーが加わらなかったり，外部にエネルギーが逃げない場合，物体の持つエネルギーの総量は一定を保つ。
主なエネルギーには，次のようなものがある。
① 位置エネルギー
質量 m の物体が，高さ h の位置にあるとき，物体はエネルギー mgh を持つ。
② 運動エネルギー
質量 m の物体が，速さ v で運動するとき，物体は $\frac{1}{2}mv^2$ のエネルギーを持つ。
③ ばねの弾性エネルギー
ばね定数 k のばねが自然長から x だけ縮み，あるいは，伸びているとき，

バネには$\frac{1}{2}kx^2$のエネルギーが蓄えられている。

④ 仕事
物体が力Fを受けて，その力の方向にxだけ進むとき，物体のエネルギーはFxだけ変化する。ただし，Fとxの方向が異なるときは，Fの値として，x方向成分のみを考える。

力学的エネルギー保存則の手順

力学的エネルギー保存則では，速さや高さなどを対応するエネルギーに直して立てることになる。この手順をまとめると，次のようになる。
① 力学的エネルギー保存則を立てる2か所の図を描く。特に速さ，高さは図に書き込む
② ①で書き込んだ速さ，高さなどをエネルギーに換算する。

なお，力学的エネルギーは，運動方程式，運動量保存則と異なり，スカラー量であるため，方向は無関係である。

MATOME

- 図を描いて考える習慣をつける。
- 力学の問題では複数の公式が使われるが，どのような場面で何を使うのか，その使い分けを意識すること。

最優先テーマ 16　熱力学

典型問題　P−V線図　　　　　　　　　　国家Ⅱ種・18年度

図は，ある理想気体 1 mol が行う二つのサイクル A, B の圧力 P と体積 V の関係を示したもの（PV 線図）である。これに関する次の記述の⑦，⑦に当てはまるものの組合せとして最も妥当なのはどれか。

ただし，図の番号 1〜5 は両サイクルを表す三角形の各頂点を示している。

「番号 2〜5 の各状態におけるこの理想気体の温度をそれぞれ T_2〜T_5 とすると，　⑦　である。また，両サイクルとも時計回りの場合，サイクル A, B の 1 サイクル中にこの理想気体が外部に行う仕事をそれぞれ W_A, W_B とすると，　⑦　である。」

	⑦	⑦
1	$T_4 < T_2 = T_3 = T_5$	$W_A > W_B$
2	$T_4 < T_2 = T_3 = T_5$	$W_A < W_B$
3	$T_4 < T_5 < T_3 < T_2$	$W_A < W_B$
4	$T_4 = T_5 < T_2 = T_3$	$W_A > W_B$
5	$T_4 = T_5 < T_2 = T_3$	$W_A < W_B$

解説

状態方程式 $PV = nRT$ から，温度の大小は PV の積の大小で判断します。計算すると，

状態 2：$4P_0V_0$，状態 3：$4P_0V_0$，状態 4：$3P_0V_0$，状態 5：$3P_0V_0$

したがって，$T_4 = T_5 < T_2 = T_3$

次に 1 サイクルの仕事は，PV 線で囲まれた部分の面積で表されるので，

サイクル A：$W_A = \dfrac{1}{2}(4P_0 - P_0)(2V_0 - V_0) = \dfrac{3}{2}P_0V_0$

サイクル B：$W_B = \dfrac{1}{2}(3P_0 - P_0)(3V_0 - V_0) = 2P_0V_0$

したがって，$W_A < W_B$

よって，正答は **5** です。

ここがポイント！ $P-V$線図の見方を押さえる！

熱力学は多くの文字が出てくるため，苦手意識を持っている人が多いと思われます。まずは$P-V$線図の見方を押さえておくと，多くの問題が解けるようになります。本問のように$P-V$線図が与えられない場合でも，$P-V$線図を描いてから解くようにするとよいでしょう。その他，熱量の保存，状態方程式のみを使う問題も考えられますが，$P-V$線図を押さえることで，問題のパターンが格段に減ります。

公式 CHECK！

熱量の保存

比熱c，質量mの物体の温度を1度上げるのに必要な熱量は，次の式で表される。

$q = cm$

したがって，温度をT_1からT_2に上昇させるために必要な熱量Qは，

$Q = cm(T_2 - T_1)$

となる。

2つの温度の異なる物体を接触させる場合，やがて等しい温度になる。このとき，系の外に熱が逃げないとすると，片方の物体が失う熱量と，他方の物体が得る熱量は等しくなる。すなわち，最初の物体の温度をそれぞれT_1，T_2，質量をm_1，m_2，比熱をc_1，c_2とすると，接触後の温度をTとして次の式が成立する。

$c_1 m_1 (T_1 - T) = c_2 m_2 (T - T_2)$

絶対温度

温度には，通常使うセルシウス度$t[℃]$に対して，次の式で表される絶対温度$T[\mathrm{K}]$がある。

$T=t+273$

以下の状態方程式を使う場合には，絶対温度を使わなければならない。

状態方程式

理想気体では，圧力が P[Pa]，体積が V[m^3]，物質量が n[mol]，絶対温度が T[K]の場合，次の式が成立する。

$PV=nRT$

ただし，R は気体定数である。これを気体の状態方程式という。これは，ボイルの法則とシャルルの法則を一つにまとめたものである。

気体の混合の問題

図のように2つの部屋に入れられた気体を，コックを開いて混合させるとき，次のような関係が成り立つ。

○ 気体の圧力は，両方の部屋で等しくなる（ピストンなどを挟む場合は，ピストンに加わる力が等しくなる）
○ 物質量の和は変化しない。つまり，
$n_1+n_2=n_1'+n_2'$
○ 保温などがされていない場合には，両方の部屋の温度が等しくなる。
○ 断熱されている場合は，気体の内部エネルギーの和が等しくなる。

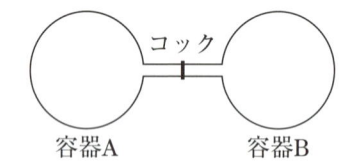

P-V 線図

縦軸に P，横軸に V をとって，気体の変化を表した図を $P-V$ 線図という。$P-V$ 線図からは直接圧力と体積を読み取ることができるが，この他にも次のようなものを読み取ることができる。

① 温度

状態方程式から，$PV=nRT$ となる。そこで，PV の値によって，温度の大小を比較することができる。

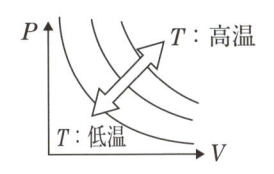

② 仕事

気体が外部に対して行う仕事Wは次の式で計算できる。

$$W = \int P dV$$

これは，$P-V$線図では，図のような部分の面積を表す。

③ 熱量

気体に加わる熱量Qは，熱容量をC，温度変化をΔTとすると，次の式で表される。

$$Q = C \Delta T$$

モル比熱c，物質量nが与えられた場合は，次の式で表される。

$$Q = nc \Delta T$$

Qの値は$P-V$線図から直接求めることは難しいが，Qの正負は$P-V$線図から求めることができる。

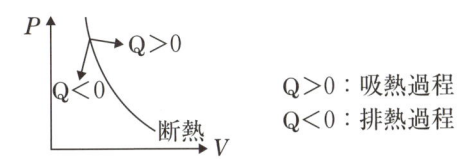

$Q>0$：吸熱過程
$Q<0$：排熱過程

MATOME

● $P-V$線図の使い方を中心に学習すること。
● 状態方程式，熱量の保存の問題も準備しておく。

最優先テーマ 17 波

典型問題　ドップラー効果　　　　　　　　　　国家Ⅱ種・23年度

図のように，振動数190 Hz の音源が，円軌道上を一定の速さ v で運動している。この円軌道と同じ面内にあり，円軌道から十分離れた点 A で，音の振動数を測定したところ，その最大値は200Hz であった。このときの v はおよそいくらか。

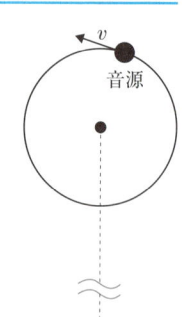

ただし，音の速さを340m/s とする。

1　9 m/s
2　10m/s
3　17m/s
4　20m/s
5　34m/s

解説

ドップラー効果で音が高くなるのは，音源が近づいてくるときです。近づく速さが一番大きくなるのは，音源が A に向かう（距離が十分にあるので，円の左端の場合と考えてよい）ときで，このとき，ドップラー効果の公式に代入すると，

$$\frac{340}{340-v} \times 190 = 200 \quad \therefore \quad v = 17\text{m/s}$$

よって，正答は **3** です。

ここがポイント！ ますます重要な分野に！

波動の問題は，今までは国家一般職での出題がほとんどで，地方上級では出題があまりありませんでした。また，国家一般職でも基本的な問題が多く，ドップラー効果，光波の問題は出題がほとんどありませんでした。

しかし，最近は地方上級でも出題されるようになり，さらに，国家一般職になってからさまざまな出題が見られるようになってきましたので，さらに重要度の増す分野といえるでしょう。過去問を見ながら，出題のパターンごとに公

式を押さえていくことが大切になります。

公式 CHECK！

波の速さ

波は，1波長進行するのに1周期かかるので，波の見かけの速さ v は，波の波長を L，周波数を f，周期を $T\left(\dfrac{1}{f}\right)$ とすると，次の式で表される。

$$v = \dfrac{L}{T} = fL$$

波の反射

① 固定端での反射
　波の変位が逆になって反射する。
② 自由端での反射
　波の変位がそのまま反射する。

定常波

正弦波が反射し，反射波と入射波が重なりあうときにできる波を定常波という。
定常波では，大きく振動する箇所（腹）と，まったく振動しない箇所（節）が存在し，腹と腹，節と節の間隔 Δ は，もとの波の波長を L とすると，次のようになる。

$$\Delta = \dfrac{L}{2}$$

弦の固有振動

弦をはじくと，弦の両端が固定端となる定常波が発生する。その変形は次のようになる。

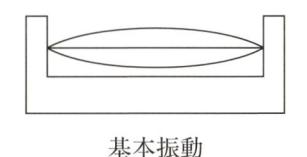

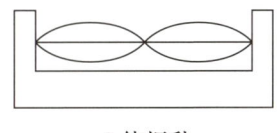

基本振動　　　　　　　　　　　　2倍振動

基本振動の場合，弦の長さ l と波長 L の間には，次の関係がある。

$$l=\frac{L}{2}$$

ドップラー効果

音源または，観測者が移動している場合，音源が発している音と，観測者が観測する音の周波数に違いが出る。これをドップラー効果という。

観測者の移動速度を v_O，音源の移動速度を v_R，音源の音の周波数を f，音波の速度を c とする。ただし，観測者と音源の移動速度の向きと，音波の速度の向きは逆向きを正に取る。このとき，観測者が観測する音の周波数 f' は，次の式で表される。

$$f'=f\frac{c+v_O}{c+v_R}$$

特殊なケースのドップラー効果

① うなり

周波数 f_1 の音と，周波数 f_2 の音が重なって聞こえるとき，うなりが発生し，その単位時間当たりの回数 n は，次の式で与えられる。

$$n=|f_1-f_2|$$

② 風

風がある場合は，ドップラー効果の公式において，音速の値に考慮する。

③ 反射

壁に反射する場合，一度，壁で聞こえる音を計算し，この音を壁が発するものとして再びドップラー効果の計算を行う。

④ 斜行

音速と，観測者，音源の運動が一直線上でない場合，観測者，音源の速度は，音速方向と音速直交方向に分け，音速方向の値を使って，ドップラー効果の計算を行う。

スネルの法則

屈折については，屈折率 n_1 の媒質における波の速度を v_1，波長を λ_1，屈折率 n_2 における波の速度を v_2，波長を

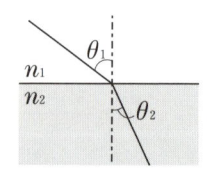

λ_2 とし，媒質1から媒質2への入射角を θ_1，屈折角を θ_2 とすると，次のスネルの法則が成立する。

$$\frac{n_1}{n_2}=\frac{\sin\theta_2}{\sin\theta_1}=\frac{v_2}{v_1}=\frac{\lambda_2}{\lambda_1}$$

ここで n は屈折率で，速さの逆比を表している。

全反射

屈折率 n の媒質から光が外（屈折率1）へ出ようとするとき，以下の条件を満たす場合には，光はすべて境界面で反射し，外の媒質に出ることはない。これを全反射という。

$$\sin\theta > \frac{1}{n}$$

MATOME

● 速さ v，振動数 f，波長 λ の意味と，その関係式 $v=f\lambda$ を理解する。
● パターンごとに公式・手順を覚えること。

最優先テーマ 18　電磁気学

典型問題　渦電流と電磁誘導
国家Ⅱ種・23年度

図のように，天井から銅製の円盤をつるし，円盤の中心に向かって棒磁石のN極を近づけるとき，棒磁石の接近によって円盤に発生する渦電流の向き及び渦電流の発生によって円盤が受ける力の向きの組合せとして最も妥当なのはどれか。

	渦電流の向き	力の向き
1	A	①
2	A	②
3	B	①
4	B	②
5	B	③

解説

　磁石を近づけることで，図の左向きの磁束が増加しています。これを打ち消すために，右向きの磁束が発生するように，電磁誘導が起こります。右ねじの法則を使えば，発生する渦電流はBとわかります（図のどこでもかまわないので，Bの電流に右手親指を合わせて磁界の方向を確かめるとよいです）。これにより，この円盤には左から磁界が入り，右から磁界が出て行くことになるので，円盤はいわば右側がN極の棒磁石と同じ働きをすることになります。これより，円盤には左向きに力が働くことがわかります。力の向きは③とわかります。
　よって，正答は **5** です。

ここがポイント！ 複数の出題が予想される！

国家一般職では，複数題の出題が予想される分野です。複雑な計算がないだけに，一つ一つの公式について，使う場面を押さえておくことが大切です。今回紹介した問題は磁界の問題です。磁界では，右ねじの法則，フレミングの左手の法則を使う場合が多く，これと関連させて電磁誘導の問題も出題されます。この解法以外にも，解き方がありますので，考えてみるとよいでしょう。たとえば，電磁誘導は，変化を妨げるように，棒磁石を退けようという向きに発生させますので，円盤と棒磁石には退け合う力が働くはず，と考えれば，力の向きが③だとわかります。このように1問をいろいろな角度から考えていくことも大切です。

公式 CHECK！

電界

q[C]の電荷をE[N/C]の電界の中に置くと，電荷には，次の大きさの力が働く。

$F=qE$

力の方向は，電荷が正ならば，電界と同じ方向，電荷が負ならば，電界と逆方向になる。

電位

q[C]の電荷が，電位V[V]の場所にある場合，この電荷の持つ電気的（な位置）エネルギーUは，次の式で表される。

$U=qV$

クーロンの法則

q[C]の点電荷から距離rだけ離れた位置にQ[C]の点電荷がある場合，Q[C]の点電荷が受ける力Fは，

$F=\dfrac{1}{4\pi\varepsilon_0}\dfrac{Qq}{r^2}$

となる。ただし，Qとqが同符号の場合は，力Fの向きはお互いに離れる

方向，異符号の場合には近づく方向である。

電界の例

① 一定の電界の場合
2点A，Bの電位差 V は，
$V = Ed$

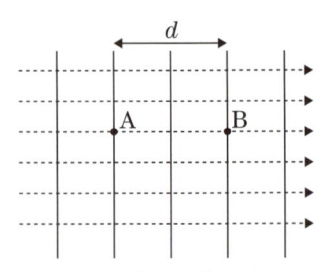

② 点電荷が1つ置かれている場合
点電荷 Q から r 離れた位置の電界 E，電位 V はそれぞれ，次のようになる。

$$\begin{cases} E = \dfrac{1}{4\pi\varepsilon_0} \dfrac{Q}{r^2} \\ V = \dfrac{1}{4\pi\varepsilon_0} \dfrac{Q}{r} \end{cases}$$

コンデンサ

一対の導体を使って電圧を加えることで，電荷を蓄えることができるようにしたものをコンデンサという。コンデンサに蓄えられる電荷 $Q[\mathrm{C}]$ は，加えた電圧 $V[\mathrm{V}]$ に比例する。そこで，比例定数を C として，次の式が成立する。

$Q = CV$

この $C[\mathrm{F}]$ を静電容量という。

平行平板コンデンサの容量

導体として断面積 S の平行な一対の平板を用いたコンデンサを平行平板コンデンサという。

平行平板コンデンサの容量 C は次の式で表される。

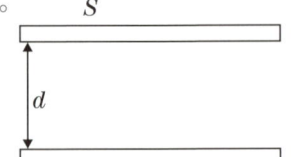

$C = \varepsilon_0 \dfrac{S}{d}$

ただし，d が平板間隔，ε_0 は真空の誘電率である。

静電エネルギー

コンデンサに蓄えられる静電エネルギー U は，次式で与えられる。

$$U = \frac{Q^2}{2C} = \frac{CV^2}{2} = \frac{QV}{2}$$

コンデンサの合成

① 並列合成

静電容量 C_1 と静電容量 C_2 の2つのコンデンサを並列に接続すると,全体としては,次の式で表される静電容量の1つのコンデンサと等価である。

$C_1 + C_2 = C$

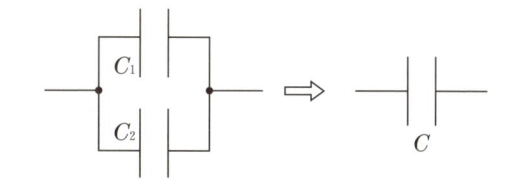

② 直列の場合

静電容量 C_1 と静電容量 C_2 の2つのコンデンサを直列に接続すると,全体としては,次の式で表される静電容量の1つのコンデンサと等価である。

$\dfrac{1}{C_1} + \dfrac{1}{C_2} = \dfrac{1}{C}$

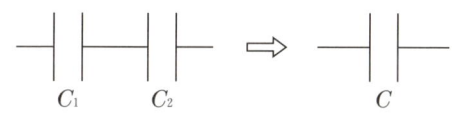

アンペールの法則（右ねじの法則）

直線電流 I の周りには円形の磁界が発生する。この磁界の強さは,電流に比例し,電流からの距離に反比例する。これを磁束密度 B で表すと,次のようになる。

$B \propto \dfrac{I}{r}$

このとき,B および磁界 H の方向は,電流 I を右手親指に合わせて握ったときの,他の指の方向と同じである（いわゆる右ねじの方向）。

フレミングの法則（左手の法則）

磁束密度 B 中に,B に直角に電流 I が流れているとき,この電流に力がはたらく。電流の長さを l とすると,この力の大きさは次の式で表される。

$F = IBl$

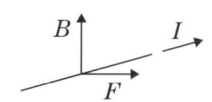

ローレンツ力

磁束密度 B の磁界中を，速さ v で運動する電荷 q には，次の大きさの力がはたらく。

$F=qvB$

この力をローレンツ力という。ローレンツ力の方向は，電荷の動きを電流とみなして，フレミングの左手の法則と同じようにして求める。

磁束

磁束密度 B の磁界に垂直な面積 S の部分を貫く磁束 Φ は，次のように表される。

$\Phi = BS$

レンツの法則・ファラデーの法則

コイルを貫く磁束が変化すると，磁束の変化を打ち消す方向に誘導起電力が発生する。このとき，n 巻きのコイルを貫く磁束を Φ とし，誘導起電力を V とすると，次の式が成り立つ。

$V = -n\dfrac{d\Phi}{dt}$

MATOME

- 電界では，まずコンデンサの公式を覚える。
- 磁界では，右ねじの法則，フレミング左手の法則，電磁誘導があるが，パターンが限られているため，まずは典型パターンから押さえること。

最優先テーマ 19 直流回路

典型問題　直流回路　　　　　　　　　　国家Ⅱ種・23年度

図の回路において，抵抗値 R_x はいくらか。

1　0.50Ω
2　1.0Ω
3　1.5Ω
4　2.0Ω
5　2.5Ω

解説

抵抗 R_x には，$2.0+3.5=5.5A$ の電流が流れています。したがって，$18.0V$ の電源，2.0Ω の抵抗，R_x の順に回ってキルヒホッフの第2法則を立てると，

$18=2\times3.5+R_x\times5.5$　　∴　$R_x=2\Omega$

よって，正答は**4**です。

ここがポイント！ 決まった手順でOK！

直流回路は，国家一般職ではほぼ確実に出題されると思われます。一方，地方上級では少し前までは毎年出題がありましたが，近年は出題されない場合も出てきました。いずれにしても，直流回路は，公式が少なく，決まった手順で多くの問題を解くことができます。必要なものは文字で置いて，キルヒホッフの法則を使う練習をしていきましょう。

公式 CHECK！

オームの法則

抵抗の両端に加わる電圧 V と，抵抗 R に流れる電流 I は比例する。

これをオームの法則といい，次の式で表される。
$V=RI$

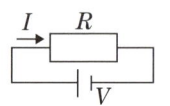

抵抗の合成公式

① 並列

R_1，R_2の抵抗を並列に接続すると，全体の抵抗は，次の式で表される。

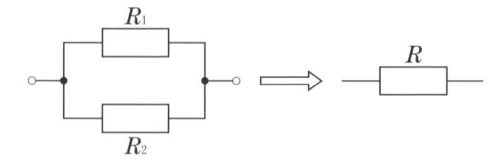

$$\frac{1}{R}=\frac{1}{R_1}+\frac{1}{R_2}$$

② 直列

R_1，R_2の抵抗を直列に接続すると，全体の抵抗は，次の式で表される。

$R=R_1+R_2$

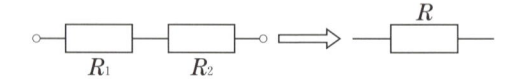

電力

電圧Vが印加された抵抗に電流Iが流れているとき，抵抗で単位時間当たりに消費される電力P[W]は，次の式で表される。

$P=IV$

キルヒホッフの法則

① 第1法則

任意の地点において，そこに入る電流とそこから出る電流は等しい。
図において，
$I_1+I_2=I_3$

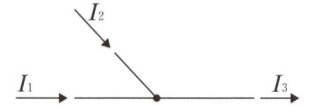

② 第2法則

任意の閉回路において，電位の上昇分と，電位の下降分の総和を取ると，この2つは等しくなる。

回路の解法

直流回路の問題は，次のようにして解くことができる。
① 回路の必要な場所の電流をすべて文字で置く。このとき，第1法則を考慮しておくとよい。

② 好きなループ箇所をとって，第2法則を立てる。
③ ②を解く。

ホイートストンブリッジ

図においてR_5に電流が流れないとき，
$R_1R_4=R_2R_3$

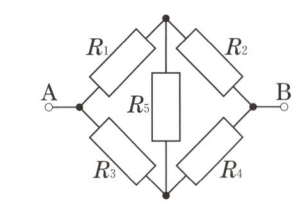

MATOME

- 回路は，まず必要なものをすべて文字で置いてループを回り，キルヒホッフの法則を立てる。
- 特殊な問題を除き，常に同じ手順で解くように心掛けること。

Chapter 3-4 土木職

出題科目と出題数

試験名	数学	物理	構造力学	水理学	土質力学	測量	計画系[※2]
国家総合職	20		3[※1]	3[※1]	2[※1]	0	12[※1]
国家一般職	20			13			7
（旧国家Ⅱ種）	6	7	5	5	5	2	10
地方上級土木職	6	4	6	6	4	2	12
地方上級総合土木職[※3]	5	3	5	5	2	2	6

※1 総合職の科目分けは，「構造力学・土木材料・土木施工」「水理学・土質力学」「土木計画」「環境・衛生」。
※2 材料，施工，設計，土木計画，都市計画などをまとめた（いわゆる知識系）。
※3 出題の一例。なお，このほかに農業土木の問題が8問出題される。また，総合土木職形式の場合，自治体によって出題数，選択解答制などが大きく異なる。

国家総合職の基本対策

　まず，難易度が変わらない限り，工学の基礎の高得点が必須であることは，工学の基礎の項目で取り上げました。専門試験の点数が工学の基礎に左右されるのが現状ですので，まずは工学の基礎で苦手意識を持たないように対策を取りましょう。これを前提に土木（工学）の対策について話しをしておきます。

　土木職の選択問題の場合，主に力学系の2科目と，計画系の2科目に分かれます。土木職はほかの職種と比べ科目数が多く，それを4つにまとめています。そのため，ほかの職種と比べ，学習の効率がよいとはいえません。しかし，たとえば構造力学の場合，同一内容の科目が「材料力学」「構造力学（建築系）」と2つあり，どれか1つだけ選択することができます。「材料力学」の場合，ねじりの問題，「構造力学（建築系）」の場合，ラーメンの問題などで，

土木とは範囲が異なるものの5問すべて力学系の出題になりますので，選択しやすくなります。その意味で，本試験へ向けてはこれらの科目も必ず目を通しておくとよいでしょう。

また，難易度も科目によってかなり高い問題が出題されています。近年では，水理学，構造力学のレベルが高く，一方で，土質力学，環境工学はかなり易しい問題が出題されています。こうした点も踏まえ，できるかぎり広い科目が選択できるようにしておくのがよいでしょう。

国家一般職の基本対策

国家一般職の大きな特徴は，今までに比べて工学の基礎の問題数が増加したところにあります。しかし，ここ数年の国家一般職の工学の基礎は極めて難易度が低く，そこだけで大きな差をつけるのは不可能な状況にあると思います。この難易度が続くのであれば，特に数学・物理を苦手にしている人は，数学・物理は全分野しっかりと対策をして，確実に高得点を取れるようにしておく必要があります。

次に土木専門について見てみます。主に3力学＋測量と計画系に出題科目が分かれます。出題比率を考えても，3力学が対策の中心になることは間違いありません。まずは過去に出題されている典型問題を中心に対策を取る必要があります。

一方，計画系は，問題数が減少したことで，1科目で1問以下の出題となりました。実際，考えられる出題科目は，土木設計，土木材料，土木施工，国土計画，数理計画，都市計画，交通計画，道路計画，港湾工学，河川工学，防災工学，衛生工学，環境工学と13科目もあるのに，出題数は7問しかありません。どの科目からどれだけ出題があるのか今のところわかりませんが，まじめに教科書を使って対策すると，非常にコストパフォーマンスが悪いことがわかります。国家一般職の場合，過去問を見ると，あまり細かい出題はなく，非常に基本的なことを浅く広く聞く問題が大半となっています。ですので，過去問を見て，まず何が繰り返し出題されているのかをチェックすることが大切になってきます。逆に言えば，過去問の対策で十分と考えられます。

地方上級の基本対策

　地方上級については，これまでと大きな変更はありません。注意が必要なのは，ここ数年の国家一般職の試験問題との特徴の違いです。まず，出題分野と出題比率の違いが挙げられます。これは工学の基礎の項目でも触れましたが，地方上級では工学の基礎の出題数はあまり多くありません。そのため，土木専門の勉強を手薄にしてはいけません。とはいえ，地方上級の過去問は1年に1，2問しか公開されませんので，ほとんどの人は国家一般職の過去問で勉強していることになるでしょう。ところが地方上級と国家一般職の問題では，質的な違いも見られます。また，地方上級の問題の雰囲気は，国家一般職と地方上級では大分違うところもあります。ここでは，これを具体的に見てみることにしましょう。

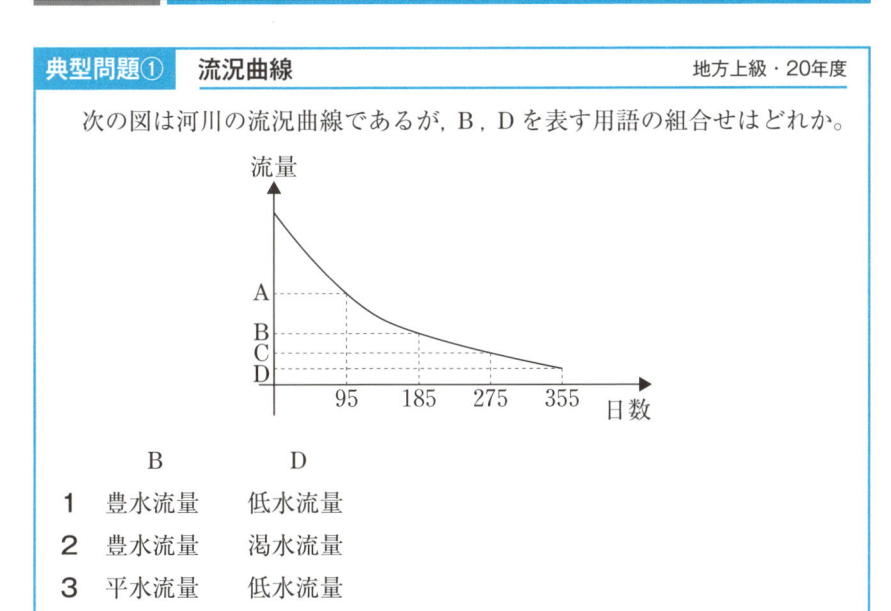

最優先テーマ 20 河川工学・港湾工学

典型問題① 流況曲線　　　地方上級・20年度

次の図は河川の流況曲線であるが，B，Dを表す用語の組合せはどれか。

流量、日数（95, 185, 275, 355）、A, B, C, D

	B	D
1	豊水流量	低水流量
2	豊水流量	渇水流量
3	平水流量	低水流量
4	平水流量	渇水流量
5	平水流量	最低流量

典型問題② トンボロ　　　地方上級・23年度

図のように海岸と平行に離岸堤を設ける場合にできる浅瀬の形の中でトンボロと呼ばれるものはどれか。

離岸堤、海岸、1〜5の浅瀬の形

> **ここがポイント！** 問題の難易度差が大きい！

　以上2つは，河川工学，港湾工学からの出題です。最初の問題①は，多くの河川工学の教科書に載っていると思われるものです（ちなみに23年度の地方上級の問題でも，選択肢の1つとして出題されていました）。ところが次の問題②はどうでしょう？　「トンボロ」は，特に港湾工学に詳しい人であれば別でしょうが，普通に公務員対策をしていたのではまずお目にかかることのない用語ですね。それどころか，港湾工学の教科書にも載っていないかもしれません。これが地方上級における「難易度差」です。

　しかも，この問題はまだそれぞれ「河川工学」「港湾工学」と出題分野がわかりますが，過去の出題例では，「共同溝」「日本の治水の歴史」「建設リサイクルの内訳」など，話題自体かなりマイナーだったりするものもあります。いずれにしても，国家Ⅱ種の出題例と比べると，問題ごとの難易度差が非常に大きいことがわかるのではないでしょうか。

　ただ，実際に公表されている合格最低点は必ずしも高くありませんので，難易度の高い問題は捨ててしまって構わないと言えます。しかし，国家一般職と同じように考えて，問題の難易度に動揺してしまうことのないよう，あらかじめこのことは了解しておくとよいでしょう。

　ちなみに今回の出題例ですが，問題①では，Aから順に，A＝豊水流量，B＝平水流量，C＝低水流量，D＝渇水流量となりますので，**4**が正解です。また，問題②について，離岸堤のような遮蔽物が存在する場合，遮蔽物の背後には静穏な海域が発生するため，漂砂が発生し，遮蔽物に向かって三角州状の堆積が生じ，やがて遮蔽物と接続する場合があります。これをトンボロといいます。この場合，海岸から遮蔽物に向かって堆積域が生じるため，正答は**3**となります。

最優先テーマ 21　上下水道

典型問題③　上下水道の総合問題　　　国家Ⅱ種・22年度

我が国の上下水道に関する記述㋐〜㋓の正誤の組合せとして最も妥当なのはどれか。

㋐　戦前と現在の浄水方式を比較すると，戦前は大部分が緩速ろ過方式であったが，戦後は急速ろ過方式が一般的になっていった。

㋑　直結式給水とは，高層の住宅やビルなどの給水に用いられる方式で，屋上に設置された受水槽に貯めた水道水を直接利用者に給水する方式をいう。

㋒　分流式の下水道では，汚水は汚水管を，雨水は雨水管を通り，いずれも下水処理場で下水処理されることが通例である。

㋓　古くに整備された下水道は合流式であることが多いが，新しく整備する下水道のほとんどは分流式が採用されている。

	㋐	㋑	㋒	㋓
1	正	正	正	誤
2	正	正	誤	誤
3	正	誤	誤	正
4	誤	誤	正	正
5	誤	誤	正	誤

典型問題④　下水道の方式　　　地方上級・17年度

下水道には合流式と分流式の2種類がある。次の記述のうち，分流式に対する合流式の特徴として正しいものはどれか。

1　新設の場合，建設費が高い。
2　終末処理場の規模が大きい。
3　土砂流入が少ない。
4　排水設備の接続が煩雑で誤りを生じやすい。
5　放流先の汚濁が少ない。

> **ここがポイント！** 地方上級は細かい！

　問題①，②で気づいてしまった方もいるかもしれませんが，ここでは，同じ「衛生工学」の国家Ⅱ種と地方上級の問題を並べてみました。こうしてみると，2つの特徴がはっきりしますね。国家Ⅱ種，つまり国家一般職では，比較的浅く広く出題がなされます。上水道と下水道が1問で出題されているのは，出題数の関係もありますが，同じ上水道でも，アでは浄水，イでは給水が聞かれるなど幅広い出題になっています（下水道は分流式，合流式の問題のみを聞いていますが）。一方，問題④の地方上級では，下水道の，それも合流式，分流式の違いだけで問題が作られています。そういえば，問題①も流況曲線の，問題②もトンボロの知識だけが聞かれていますね。

　つまり，国家一般職（国家Ⅱ種）では，教科書の割と概論的なテーマの中からできるだけ広く出題されているのに対して，地方上級は，教科書の中の1ページに書かれていることだけから1問が作られている，という特徴があります。もちろんこれは難易度差が大きいこととも密接に関係していますね。そのため，地方上級の計画系は，勉強しても点数につながらないことが少なくありません。

　ですので，地方上級の場合，実際の出題数以上に3力学のウエートが大きいと言ってもよいかと思います。

　では，出題例の解答を記しておきましょう。
問題③
ア　緩速ろ過と急速ろ過の違いは頻出で基本的です。緩速ろ過は生物化学的，急速ろ過は物理化学的なろ過方式で，急速ろ過の方が必要面積が小さいなどの利点があるため，戦後は急速に広まっていきましたが，最近は味やにおいの観点から，緩速ろ過方式も見直されている。といったところが基本的な知識でしょう。なお，どちらにしても塩素消毒は法令で必須となります。ですので，この記述は正しいですね。
イ　給水については，過去の出題は少ないのですが，それでもこの問題は基本的ですね。給水は「直結式給水」と「受水槽式給水」があります。通常，配水管の水圧では2階までしか給水できません。そこで，特に高層ビルでは，ポンプで加圧して一度屋上などにある受水槽に給水してから，給水栓に給水

します。これが受水槽方式です。一方，最近では，配水圧を上げて，3階まで受水槽を経由せずに給水できるようにする場合も増えています。これが「直結式給水」です。ですので，説明は間違っていますね。「直接給水する」という言葉で誘導しているのが見抜けましたか？

ウ　今度は下水道です。合流式と分流式の違いは，合流式では雨水と汚水の両方を1本の管渠で集める一方で，分流式では2系統の管渠を用意して，雨水と汚水を別々に集めるというところにあります。この場合，雨水は直接放流し，一方で，汚水は終末処理場で全量を処理します。ですので，説明は間違っていますね。

エ　ウに続けて説明を続けていきましょう。合流式では雨水も汚水も処理場に運ばれますが，それでは洪水時に処理しきれなくなります。そのため，処理場で処理しきれない分は，そのまま放流されてしまいます。もちろんこれは雨水と汚水が混ざっています。そのため，非常に汚濁が激しく環境悪化の原因になります。そこで，近年新設される下水道は，原則として分流式となっています。しかし，古い下水道の多くは合流式になっています。これは，昔は環境問題が大きな問題として認識されていなかった一方で，分流式の方が管を2系統建設しなければいけないため，合流式よりも建設費用が大きくなる点が重視され，合流式が採用されたからです。ですので，説明は正しいですね。

以上から，アから順に正，誤，誤，正となりますので，正答は**3**となります。

次に問題④です。ここまでの説明で，**1**，**5**は分流式の記述であることがわかりますね。また，**4**の「接続が煩雑」というのも2系統の管渠がある分流式です。残りが難しいのですが，土砂流入は雨水で問題となりますので，分流式の方が少なくなります（この土砂流入とは，処理場の話ですね）。一方で，合流式では，雨水と汚水の両方を処理する前提となっていますので，分流式よりも処理場が大きくなってしまいます。ですので，合流式の記述は**2**となりますね。

最優先テーマ 22 棒材

典型問題　複合材料の棒のひずみ　　　　　国家Ⅱ種・19年度

図の棒は，材料1，材料2からなる複合材である。材料1，材料2のヤング率はE_1，E_2，それぞれの材料の占める断面積はA_1，A_2である。この棒を荷重Pで圧縮するとき，材料1の部分に生ずる軸方向応力の大きさとして最も妥当なのはどれか。

ただし，複合材では軸方向のひずみが断面内で均一になるものとする。また，棒の自重は無視する。

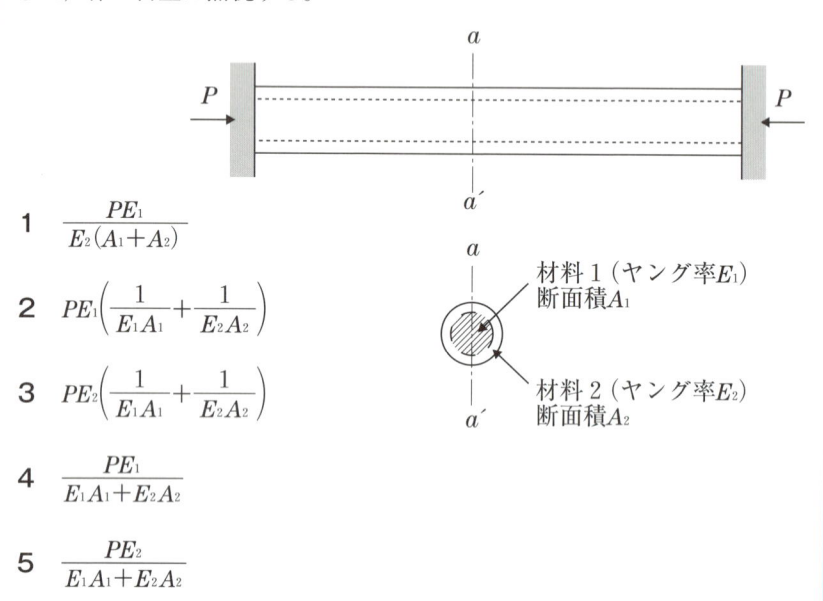

1　$\dfrac{PE_1}{E_2(A_1+A_2)}$

2　$PE_1\left(\dfrac{1}{E_1A_1}+\dfrac{1}{E_2A_2}\right)$

3　$PE_2\left(\dfrac{1}{E_1A_1}+\dfrac{1}{E_2A_2}\right)$

4　$\dfrac{PE_1}{E_1A_1+E_2A_2}$

5　$\dfrac{PE_2}{E_1A_1+E_2A_2}$

材料1（ヤング率E_1）
断面積A_1

材料2（ヤング率E_2）
断面積A_2

ここがポイント！　棒材は公式を押さえる！

では，最後に，土木職全体から，短期間で身に付けることのできるテーマを取り上げながら，そのポイントを紹介していきましょう。

棒材の問題を見てみましょう。覚えなければいけない公式は次の3つです。

① 応力

$\sigma=\dfrac{P}{A}$　（σ：応力，P：断面力，A：断面積）

② ひずみ

$\varepsilon = \dfrac{\delta}{l}$ （ε：ひずみ，δ：変位，l：もとの長さ）

③ フックの法則

$\sigma = E\varepsilon$ （E：ヤング率）

さらにこの3つを組み合わせると，次の変位に関する公式が出てきます。

$\delta = \dfrac{Pl}{EA}$

これらを使って解くのが典型的な解法なのですが，問題の設定に比べて，やや大げさな気がしますね。ところで，構造力学で出てくる材料の多くは，荷重と変位が比例関係にある「線形弾性体」です。そういえば，身近な線形弾性体として「ばね」がありました。そこで，この棒材もばねに置き換えて考える，という手があるのです。つまり，上の公式を，

$P = \dfrac{EA}{l} \delta$

と変形することによって，つぎのばね係数についての公式が出てきます。

$k = \dfrac{EA}{l}$

この公式こそ，暗記するにふさわしい式です。これは，棒材の問題はばねの問題と同じであることを意味します。ただ，ばね定数を自分で計算しなければいけない，ということですね。ところで，ばねとして本問を見てみると，本問は「並列ばね」になりますね。実際，荷重を2つの棒で支えています。並列ばねの場合，強いばねに強い力が加わります。ここでいう強いばねとは，ばね係数が大きいことを意味します。つまり，ばね係数が大きいとそのぶん荷重が多く加わるということですから，

「荷重とバネ係数は比例する」

ということになります。そこで，本問では，材料1では，

$P \times \dfrac{E_1 A_1}{E_1 A_1 + E_2 A_2}$

の力が加わりますので，断面積で割り算すれば，**4**が正解だとわかりますね。

最優先テーマ 23 水理学

典型問題　水槽から水平方向への噴出
国家Ⅱ種・20年度

図のように，高さ H の台の上に固定された水槽があり，水槽の底面から水面までの高さを H とする。いま，水槽の底面から高さ h の位置に穴を開け，水を横方向に噴出させるとき，水平面において水を最も遠くに届かせる（図の L を最大にする）ためには，h をおよそいくらにすればよいか。

ただし，水槽の断面積は穴の断面積より十分大きいものとする。

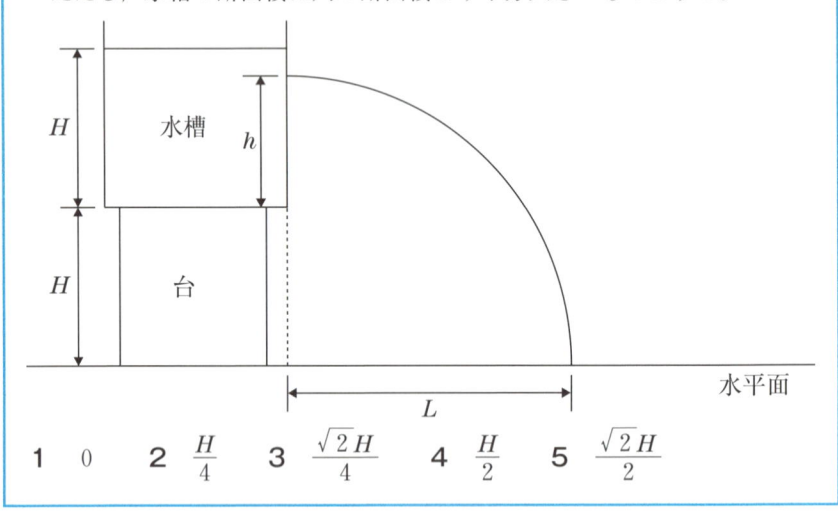

1　0　　2　$\dfrac{H}{4}$　　3　$\dfrac{\sqrt{2}H}{4}$　　4　$\dfrac{H}{2}$　　5　$\dfrac{\sqrt{2}H}{2}$

ここがポイント！　有名問題は必ず押さえる！

水理学の有名問題です。もととなるのは，右の図で x を求めなさいという問題です。つまり，水槽に深さが L になるように水を貯め，側面の深さ h の位置に小孔を空けたときの水の水平到達距離です。損失はないとします。

これは準備しておきましょう。まずトリチェリの定理より，初速度は，

$v_0 = \sqrt{2gh}$

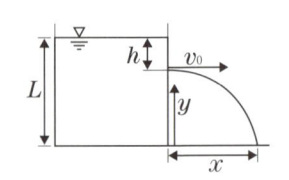

となります。ベルヌーイの定理でも同様の速度になります。水理学はここでおしまいで，後は等加速度運動の公式に代入していきます。すると，y 方向について，

$$y = -\frac{1}{2}gt^2 + (L-h)$$

(t：時刻）となりますが，地面に到達するときには $y=0$ ですので，

$$t = \sqrt{\frac{2(L-h)}{g}}$$

と求まります。これより，x 方向について，

$$x = v_0 t = 2\sqrt{h(L-h)}$$

と求めることができます。

この問題について，次の2つのことを覚えておきましょう。

① $h=0.5L$ の位置に小孔を空けると，水平到達距離は $x=L$ で最大になる。

これは求めた x の $\sqrt{}$ の中を平方完成，あるいは微分すればすぐに確認できます。

② 水面から深さ h の位置と，水底から高さ h の位置の2か所に穴を空けると，水平到達距離は同じになる。

水底から高さ h ということは，水面から深さ $L-h$ となりますので，これを代入すれば確認できます。

さて，本問に行きましょう。最大到達距離ですから，①が関係します。ところで，前述の計算過程を考えると，大切なのは，水面からの深さで，底の位置ではないですね（もちろん底より下に穴は空けられませんが）。つまり，本問でも床から水面までの高さのちょうど中間に穴を空ければ最大になります。つまり $h=0$ ということで，正答は **1** ですね。

何を覚えていくべきか。それが大切なのです。

以上で土木職の説明は終わりとなりますが，機械職，建築職の問題にも土木職の問題で使える話題が入っていますので，ぜひ読んでみてください。

Chapter 3-5 機械職

出題科目と出題数

試験名	数学	物理	材料力学	機械力学	流体力学	熱力学	その他※
国家総合職	20		5	5	5	5	
国家一般職	20		4	4	4	4	4
地方上級	6	4	4	4	4	4	14

※ その他は「機械設計・機械工作・機械材料」。

国家総合職の基本対策

　まず，難易度が変わらない限り，工学の基礎の高得点が必須であることは，工学の基礎の項目で取り上げました。まずは工学の基礎で苦手意識を持たないように対策を取りましょう。これを前提に機械（工学）の対策について話しをしていきます。

　機械の場合には，4力学がメインの科目となります。しかし，通常はできる限り多くの科目を選択できるようにしておくのがよいでしょう。具体的には，「計測・制御」「工学基礎実験」「技術論」といった一般的な科目に加え，電気系・情報系の科目も専門によっては対策しておくとよいでしょう。この場合，対策の期間にもよりますが，しっかり対策を取るのではなく，過去問を流すように読み，解ける問題を解く（簡単に対策できる科目を用意する）という程度でよいでしょう。

国家一般職の基本対策

　国家一般職の大きな特徴は，今までに比べて工学の基礎の問題数が増加したところにあります。しかし，ここ数年の国家一般職の工学の基礎は極めて難易

度が低く，そこだけで大きな差をつけるのは不可能な状況にあると思います。この難易度が続くのであれば，特に数学・物理を苦手にしている人はともかく，数学・物理は全分野しっかりと対策をして，確実に高得点を取れるようにしておく必要があります。

　次に機械専門について見てみます。今回の試験内容の変更によって，基本的には4力学以外の知識問題の重要度が極端に低下したというのが大きな特徴と言えます。したがって従来以上に4力学重視ということになります。その4力学ですが，問題数が以前よりも1問減少します。出題の質の変化はわかりませんが，まずは過去問を見ることになるでしょう。

　こうした中，どこを重点的に勉強すべきか，というと，まずは「力学」です。ここでいう力学は，もちろん通常の力学です。ただし，機械系の場合，剛体の力学まで踏み込む必要があります。これはひとつには4力学の根底には，結局基礎としての「力学」の理解がある，というのもそうですし，機械力学では振動のみならず通常の力学も出題されていることを考えると，事実上出題数が多いこともそうです。いずれにしても，力学を制す者が，専門試験も制すと言えます。

　このうえで，過去問を見ていくときにどんな注意が必要でしょう。過去問を単に一から順に解いていくのは非効率です。複数年度の問題を出題科目ごとに見比べましょう。「力学」で解く問題が見られる一方で，似たような問題が繰り返し出題されることも気づくでしょう。つまり，「力学」という核を固めたうえで，次にこうした似たような問題を探していくことが大切です（ただし，全部の科目を一気にやると大変ですので，科目別に見ていくとよいでしょう）。こうして，「似たような問題のリスト」を作っておき，まずはそれらの対策を行っていくことが効率的な学習につながります。

地方上級の基本対策

　地方上級の場合，国家一般職と比べると，
「工学の基礎の割合が減少する」
「4力学の割合が減少し，設計・工作・材料の比率が増加する」
という大きな違いが見られます。ですので，一般職の対策では飛ばしてしまって構わない，設計・工作・材料についても，地方上級ではある程度対策を取っておく必要があります。とはいえ，実際には大学の教科書を使うとなると，な

かなかはかどらないということになるでしょう。しかも，地方上級は問題が公開されていません。

　ですので，国家Ⅱ種の過去問を使っていくことになります。

　なお，地方上級の問題には，国家Ⅱ種にはない特徴もあります。これらについて一般的な話を土木職の項目で紹介しておきますので，参考にしてください。

　では，過去に出題された中から，特徴的なものを2つ紹介しましょう。なお，土木職，建築職，化学職の項目でも，機械職の受験者にも役立つ問題を扱っていますので，ぜひ読んでください。

最優先テーマ **24** 単振動

典型問題　単振動ではたらく力
国家Ⅱ種・21年度

図のように，ばね定数 k のばねを介して床に固定された質量 M の箱の中に，質量 m のおもりを置き，箱を釣合いの位置からばね方向に少しだけ引っ張り，静かに手を離したところ，箱はばね方向に一定の振幅 A で振動した。箱が振動の下端に達したとき，おもりが箱に加える力の大きさとして最も妥当なのはどれか。

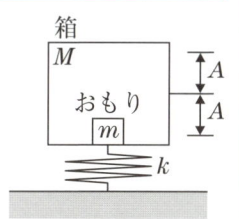

ただし，おもりは箱に対して動かないものとする。また，重力加速度を g とする。

1　$m\left(g+\dfrac{Ak}{M+m}\right)$

2　$m\left\{g+\dfrac{Ak}{2(M+m)}\right\}$

3　mg

4　$m\left\{g-\dfrac{Ak}{2(M+m)}\right\}$

5　$m\left(g-\dfrac{Ak}{M+m}\right)$

ここがポイント！　まず方針を決める！

この問題の解答を書くだけなら，難しくありません。しかし，ただ解いて，その解説を理解するだけでは別の問題で役に立ちません。大切なのは，

① 問題を読んでまず何を考え，何をしたか
② そのためにどんな知識を必要としたか

という点です。

この問題は単振動です。単振動も根は力学です。力学の問題を解くための大

きな方針として，次の2つの公式があります。

① 運動方程式　$F=ma$

② 力学的エネルギー保存則　$\dfrac{1}{2}mv^2+mgh+\dfrac{1}{2}kx^2=\text{Const.}$（一定）

　まず問題文を読んで図を見ながら状況をつかむことは確かですが，次に考えることは，今挙げたどちらの公式を使うのか，という「方針決め」です（もちろん，有名問題だったり，ほかに公式のある問題であれば考え方は変わります）。そのために大切なのは「何を求めるのか」ということです。本問では，「おもりが箱に加える力の大きさ」です。これを求めるためには，上の①②のどちらがいいのか？　と考えてみましょう。そのために式の形を見比べてみてください。求めるものは力Fです。これが式の中に入っているのは①の運動方程式ですね。そこで，ここでは運動方程式を使うことになります。実は，力学的エネルギー保存則でも，仕事の形であれば，力が式に入ってきます。ですが，今回は常に最大の力が加わっているわけではないので難しいですね。そこで，運動方程式を考えます。おもりに加わる力は，重力と求める力Fですので，次の式が立てられます。

　$F-mg=ma$

　ただし，上向きを正にとりました。そうすると，この式の中でわからないものは加速度aとなりますが，振幅がわかっているため，

　$x=A\sin(\omega t)$

と変位を書くことができます。これを2回時間で微分すればどうやら大丈夫そうです。ただし，ωは角周波数です。するとこのようになります。

　$a=-A\omega^2\sin(\omega t)$

　単振動の角周波数の求め方は十分に用意しておくとよいでしょう。ここでは，この問題全体の設定がばね振り子であることを考えれば，ばね振り子の公式から，

　$\omega=\sqrt{\dfrac{k}{m+M}}$

とわかります（あるいは全体についての運動方程式を立ててもよいでしょう）。これを代入して，$\sin(\omega t)=-1$のときに力が最大になることから，求める最大の力は，

$$F = mg + \frac{kmA}{m+M}$$

となります。正答は**1**ですね。ここで使った細かい公式をまとめておきましょう。ばね定数 k，質量 m のばね振り子の角周波数 ω は，

$$\omega = \sqrt{\frac{k}{m}}$$

さらに，振幅 A が出てきた場合，前述したとおり，変位 x を，

$$x = A\sin(\omega t)$$

と表すことができます。ただ，今の解答では使いませんでしたが，変位 x と加速度 a の間には，

$$a = -\omega^2 x$$

という公式も成り立ち，これを使うと少しだけ速く問題を解くことができます。

最優先テーマ 25　流体力学

典型問題　噴流の曲板への衝突
国家Ⅱ種・23年度

図のように，固定された曲面板に沿って設置された断面積 A の曲管に密度 ρ の液体が速さ v で流れている。液体が流入方向に対して60°の方向に速さ v で流出するとき，曲面板に作用する力として最も妥当なのはどれか。

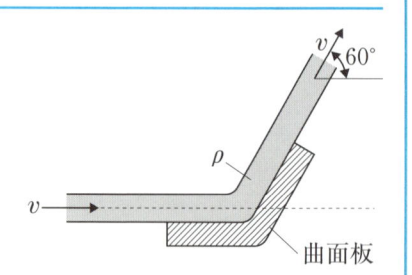

ただし，摩擦損失及び重力の影響は無視できるものとする。

1　$\dfrac{1}{2}\rho A v^2$

2　$\rho A v^2$

3　$\dfrac{\sqrt{3}}{2}\rho A v^2$

4　$\sqrt{3}\,\rho A v^2$

5　$2\rho A v^2$

ここがポイント！　解き方を準備しておく！

　この問題は，前述した「似た問題」の代表例です。22年度には90°の場合，21年度は120°，20年度はありませんが，19年度，17年度が45°と繰り返し出題があります。7年で5回も出題されたのです！　ですので，角度 θ のときには，求める力 F は，

　　$F = \rho A v^2 \sqrt{2(1-\cos\theta)}$

と覚えてしまえば，今回は $\theta = 60°$ を代入して $F = \rho A v^2$ で正解は **2**。という解き方が一番速いでしょうね。ただ，これではちょっとひねられてしまうと解けませんので，解き方を準備しておく方がよいでしょう（今回上に挙げた年度の問題は，公式を覚えてしまえばすぐに解けますが，16年度にこの公式だけでは解けない問題が出題されています）。

流体力学には，ベルヌーイの定理と運動量保存則の2つの大きな法則がありますが，本問は運動量保存則です。有名問題なので，覚えておくとよいのですが，求めるのが力ですから運動量保存則を使うわけです（ベルヌーイの定理では，圧力以外の力は簡単ではありませんし，式の中にありませんね）。

　そこで，必要な力を文字で置いて，右図を描きます。運動量はベクトル量ですから，縦横に分けて式を立てると，

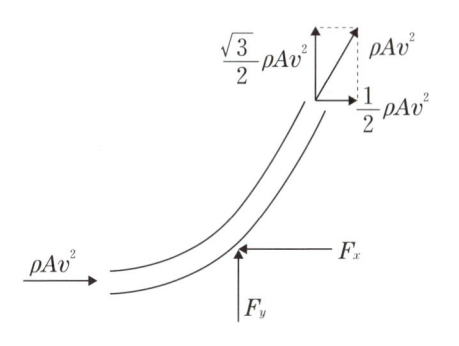

横方向：$\rho A v^2 - F_x = \dfrac{1}{2}\rho A v^2$　　∴　$F_x = \dfrac{1}{2}\rho A v^2$

縦方向：$F_y = \dfrac{\sqrt{3}}{2}\rho A v^2$

これより，三平方の定理を使うと，

$$\sqrt{F_x^2 + F_y^2} = \rho A v^2$$

が答えで，正答は**2**です。こう書いてしまうと簡単なようですが，次の2点は注意してください。

①　速さを縦横に分けないこと，運動量を縦横に分けること。

　最初に速さを縦横に分けてしまうと，間違った答えが出てきます。

②　図に書いた力は，「水が板から受ける力」。

　運動量保存則は水の立場になって，水の運動量の増減を考える法則ですので，出てくる力も水が受ける力です。ところが，今回求める力は「板が受ける力」です。大きさを求めるだけなら，作用・反作用の法則が成り立ちますので，この解答で問題ありませんが，ときどき方向が聞かれる場合があります。この場合には，図に描いた方向とは逆方向になります。

　ただ参考書を読んだだけではわからない罠もあるわけですね。問題は必ず手を動かして自分で解いてみることです。

Chapter 3-6
電気職
電気・電子・情報職

出題科目と出題数

試験名	数学	物理	電磁気学	電気回路	計測制御	電気機器	電力工学	電子工学	電子回路	通信工学	情報工学
国家総合職[※1]	20		5	3	5	1	1	2	3	5	15
国家一般職	20		8					3		9	
(旧国家II種)	6	7	5	5	3	2	1	2	4	2	13
地方上級[※2]	6	4	10		4	6		6		4	

※1　国家総合職は,「電気回路・電力工学・電気機器」が「電気工学」に,「電子工学・電子回路」が「電子工学」にまとまっている。ここでは旧国家Ⅰ種の出題数を掲載した。

※2　地方上級は電気職の出題数。自治体によっては,別に情報職が設定されている場合がある。

国家総合職の基本対策

　平成12年以前は,電気職と情報工学職は国家Ⅰ種では別の職種になっていました。そのため,電気系の科目,情報工学系の科目それぞれ4種類ずつ用意されていますので,国家一般職とは異なり,それぞれの専門科目を準備すれば問題数は十分です。しかし,近年は,各科目とも非常に基本的な問題が含まれていますので,できる限り広い科目を選択できるようにすることが大切になります。自分が選択できる科目をできる限り広く見ておくほうがよいでしょう。

国家一般職の基本対策

　電気・電子・情報職の問題は国家Ⅱ種の時と大幅に変更がありました。まず,「工学の基礎」の比率が大幅に高まったことがありますが,これはほかの職種でも同じです。もうひとつ,国家Ⅱ種試験では選択解答制だったのですが,国

家一般職になって，全問必須解答となりました。そのため，電気が専門でも情報系を，情報系が専門でも電気系を学習しないといけなくなりました。ただし，近年は電気系も情報系も，難易度の低い問題がかなり出題されるようになっています。そこで，「自分の専門外の分野をいかに学習していくのか」がキーポイントになります。その場合，まったく知らない科目を一から学習していくことは大変です。そこで，まずはなじみのあるところから解いていくのがよいでしょう。情報系の専門の人が電気系の問題を解く場合，電磁気学，制御などはやりやすいと思われますが，直流回路のほかに，交流回路も解けるようになると，幅が広がります。逆に，電気系の専門の人が情報系の問題を解く場合には，確率やフローチャート，論理は取りかかりやすいと言えますが，やや難易度の高い問題も含まれています。ある特定の年度を一から見ていくのではなく，複数年度の同じ分野の問題を見ていき，解ける問題から順に解いていくのがよいでしょう。こうすることで出題パターンも見えてきます。

地方上級の基本対策

地方上級試験では，電気職の問題と情報職の問題は分かれています。ですので，それぞれの分野の問題を学習すれば十分です。つまり，地方上級を第一志望とする場合，電気が専門であれば電気科目を勉強することが大切で，国家一般職の過去問に引きずられて情報系の科目にこだわることはあまり意味がありません（実際40問中4問しか出題がありません）。また，工学の基礎の出題数が少ないことにも注意が必要です。いずれにしても，電気系の問題を準備することが大切になるわけです。ほかの職種と比べ，国家一般職の過去問との違いが大きいため，国家一般職の過去問ばかりにこだわっていると，本試験では驚いてしまうかもしれません（募集案内には問題数が書かれていないものが多いですので，試験科目しか知らないと情報系の問題が少ないことに本試験で初めて気づくことになってしまいますね）。

その他，地方上級の問題と国家一般職の問題の質の違いについては，土木職のページを参考にしてください。

それでは，実際の問題を見てみることにしましょう。

最優先テーマ 26　電磁誘導

典型問題　交流発電機
国家Ⅱ種・21年度

図のように，磁束密度 B の一様な磁界の中で，半径 a，巻数 N の円形コイルが，磁界の方向と直角な直径を回転軸として角速度 ω で回転している。このコイルに発生する誘導起電力 V に関する記述として妥当なのはどれか。

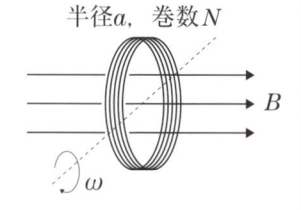

1　半径 a を2倍にすると，誘導起電力 V の最大値は2倍になる。
2　半径 a を2倍にすると，誘導起電力 V の最大値は4倍になる。
3　角速度 ω を2倍にしても，誘導起電力 V の最大値は変化しない。
4　角速度 ω を2倍にすると，誘導起電力 V の最大値は4倍になる。
5　巻数 N を2倍にすると，誘導起電力 V の最大値は4倍になる。

ここがポイント！ 繰り返し出ている問題を確認！

何度も出題されている交流発電機の問題です。国家Ⅱ種なら，20年度，18年度にも出題されています。この問題に限らず，繰り返し出題されている問題がありますので，調べてみることが肝心です。

そこで，覚えておくべき結論から最初に言ってしまいましょう。この問題で，誘導起電力 V は，コイルの面積を S として，次の式で表されます。

$$V = NBS\omega \sin(\omega t)$$

特に，起電力が面積に比例することに注意してください。ですので，半径が2倍になれば，起電力は4倍になります。したがって，正答は **2** ですね。これは覚えておくべき公式です。コイルを貫く磁束は，あくまでコイルに垂直な成分でなければなりません。そこで，コイルを貫く磁束 Φ は，図の状態から角度 $\theta = \omega t$ だけ傾いたときには，

$$\Phi = BS \cos(\omega t)$$

となります。図の状態，つまり $\omega t = 0$ のときには，磁束がコイルに垂直に貫いているので，$\Phi = BS$ となっていますね。あとはファラデーの法則から，これを時間 t で微分すれば，最初の公式が出てきます。

最優先テーマ 27 | 状態遷移図

典型問題　推移確率　　　　　　　　　　　　　国家Ⅱ種・19年度

　ある番組の視聴状況について調査したところ，以下のことが明らかになった。
- ある週にこの番組を視聴した者のうち，60％は次週もこの番組を視聴し，40％は視聴しない。
- ある週にこの番組を視聴しなかった者のうち，80％は次週もこの番組を視聴しないが，20％は視聴する。

この状況が長期間続いたとき，この番組の視聴率はおよそいくらになるか。

1　17％
2　20％
3　25％
4　33％
5　50％

ここがポイント！ ほかの科目でも出ている！

　こちらも電気・電子・情報職のみならず，国家総合職の工学の基礎や情報基礎でも出題例がありますし，土木職でも題材を変えて同一内容の出題例があります。ですので，準備は十分にしておきたい問題と言えます。

　ところで，この問題に関してはいろいろな解き方があります。ここでもそれらのうちのいくつかを紹介していきましょう。

　必ずしも必要はないのですが，状況を確実につかむために，状態遷移図を描いておきましょう。次のようになりますね。

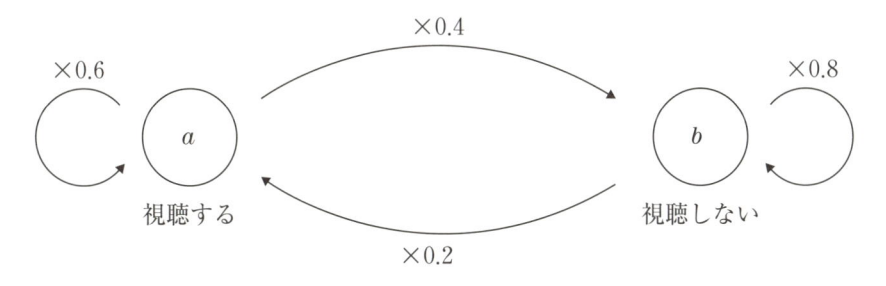

最も簡単なのは，収束した状況をイメージする解法です。視聴した割合がやがて変化しなくなったということですが，実際に視聴した人と視聴しない人は変化します。図でいうと，右から左，あるいは左から右へ移動する人は必ず存在するわけです。それにもかかわらず，割合が変化しないということは，「右から左」へ移動した人と，「左から右」へ移動した人の数が同じだということですね。

　つまり，「視聴した人の40％」と「視聴しない人の20％」が同じということです。ここからすぐに，

「視聴した人」：「視聴しない人」＝ 1：2

であり，求める割合は33％，正答は **4** とわかります。もちろん，視聴する割合を a，視聴しない割合を b と置いて，

　　$0.4a = 0.2b$

と式を立ててもよいでしょう。

　次の解法として，連立漸化式を立てる方法も有名です。こちらの方はだいぶ手間もかかるのですが，参考書や教科書の説明では好んで使われます。最初から n 週目の視聴した割合を a_n，しない割合を b_n とおくと，状態遷移図から，次のような連立漸化式を立てることができます。

　視聴した人の割合：$a_{n+1} = 0.6a_n + 0.2b_n$

　視聴しない人の割合：$b_{n+1} = 0.4a_n + 0.8b_n$

　これを解いて一般項を求めることもできますが，収束したときの値だけが必要なら，もっとよい方法もあります。収束してしまえば値は変化しませんから，ここで，$a_{n+1} = a_n = a$，$b_{n+1} = b_n = b$ と置けば（どちらに代入しても同じで），

　　$0.4a = 0.2b$

と上で得られた式と同じ式を求めることができます。

Chapter 3-7 建築職

出題科目と出題数

試験名	数学	物理	構造力学	建築構造	材料・施工	環境・設備	建築史・建築計画	法規・都市計画
国家総合職※	9	11	5	2	3	2	3	5
国家一般職	20			4		2	3	4
(旧国家Ⅱ種)	6	7	5	4	4	5	5	4
地方上級	6	4	5	4	5	6	7	3

※ 国家総合職は,「構造力学(建築系)」「建築構造・建築材料・建築施工」「建築計画・建築法規・建築設備」「建築史・都市計画」の4科目になっている。ここでは旧国家Ⅰ種の出題数を掲載した。なお,「土木計画」の中でも都市計画が1問出題されている。

国家総合職の基本対策

　国家総合職には,国家Ⅰ種のときと全体的に変更はありません。ですので,建築系であれば,上記の4科目を選択するのが無難でしょう。ただし,「構造力学(建築系)」には,同時に選択できない科目として,「材料力学」「構造力学(土木系)」の2科目があります。このうち土木系の構造力学は,土木材料・土木施工も一緒になっていますが,これも建築材料・建築施工と重なるところがあります。これらの科目の過去問も見ておいて損はないでしょう。ただし,問題の難易度は,「構造力学(土木系)」のほうが高くなっています。また,建築法規・都市計画と土木計画は同時に選択可能ですので,国土計画などと合わせて勉強すれば,効率がよいでしょう。なお,国家一般職も同様ですが,二次試験の製図の対策も早めに取っておいてください。

国家一般職の基本対策

　ここ数年の国家Ⅱ種の合格者は極めて少なく，21年度以降，倍率が10倍を超える状況が続いています。特にここ2年は，合格者が10人前後で，倍率が30倍を超えています。そのため，教養で7割程度取った場合でも，専門でも7割を大きく超えるようでないと，一次試験すら突破できない状況になっています。さらに，配点比率も，一次試験では教養：専門＝4：5と，ほかの試験種が1：2であることと比べると，教養の比率が高くなっています。そのため，この状況が続く限りは，専門のみならず教養試験でも，1科目も油断せずに対策しなければ合格できない状況と言えます。正直に言えば，学習効率のよしあしで合否が分かれるようなレベルではないといってよいと思います。

　したがって，国家一般職を第一志望とする場合には，二次試験の製図も含め，できる限り頑張って学習する必要があります。

地方上級の基本対策

　地方上級試験では，計算問題と知識問題の比率が3：5となっており，国家公務員試験よりは知識問題の比率が高くなっています。地方上級試験の問題の質について，土木職の項目にまとめましたが，国家Ⅱ種の過去問よりも難しい問題が含まれる一方，試験の倍率は国家Ⅱ種ほど高くありません。そのため，国家Ⅱ種の過去問，それも特に知識系の問題を繰り返し解いて，過去に出題されている問題を完璧にしておく一方で，本試験では，解けそうにない難しい問題をうまくスルーして，取れる範囲でしっかり取るという態度が大切です。

　それでは，実際の問題を見てみることにしましょう。

最優先テーマ 28　梁のたわみ

典型問題　組合せ梁のたわみ　　　　　　　　　　国家Ⅱ種・22年度

図Ⅰのように，ヤング係数 E 及び断面2次モーメント I が一様な部材をヒンジで結合した梁において，点Aに鉛直集中荷重 P が作用している。このとき，点Aに生ずるたわみの大きさとして最も妥当なのはどれか。

なお，図Ⅱのように，長さ l の片持ち梁の先端に鉛直集中荷重 Q が作用したときの先端の鉛直たわみ δ は $\delta = \dfrac{Ql^3}{3EI}$ で与えられる。

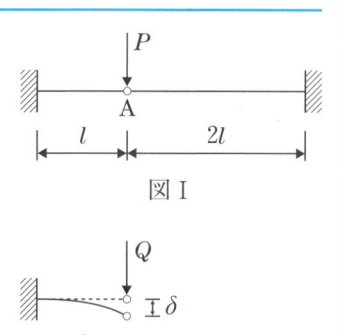

1　$\dfrac{5Pl^3}{48EI}$　　2　$\dfrac{5Pl^3}{36EI}$　　3　$\dfrac{7Pl^3}{48EI}$　　4　$\dfrac{7Pl^3}{36EI}$　　5　$\dfrac{8Pl^3}{27EI}$

ここがポイント！　問題は別の見方もできる！

この問題では，片持ち梁についてのヒントがついています。まず，このヒントですが，仮にこれがなくとも，こうした基本的な変位については覚えておくのがよいでしょう。

さて，本問の解説をしていきましょう。まずは，出題者が期待していると思われる解答から行きましょう。本問では，ヒンジの両側に，与えられた片持ち梁と同じ構造が見えています。要するに，左右の片持ち梁で，荷重 P を支えているのですね。そこで，ピンの左側に X，右側に $P-X$ の荷重がかかっているものとしましょう。すると，ヒンジの変位を，左右両方の片持ち梁から，公式を使って計算することができます。

$$\delta = \frac{Xl^3}{3EI} = \frac{(P-X)(2l)^3}{3EI} = \frac{8(P-X)l^3}{3EI}$$

これを解くと，$X = \dfrac{8}{9}P$ となりますので，あらためて上の式に代入すれば，

$$\delta = \frac{8Pl^3}{27EI}$$

となります。正答は**5**ですね。

　ところでこの問題には，別の見方もあります。ヒンジを両側から支える，と書きましたが，ばねの問題でも，2つ以上のばねで1つのものを支える場合があります。それは並列ばねですね。梁の問題でも，荷重と変位の関係は比例ですので，ばねと見なすことができます。つまり，与えられた片持ち梁の公式を，

$$Q = \frac{3EI}{l^3}\delta$$

と書いてみれば，実は片持ち梁が，ばね定数 k が，

$$k = \frac{3EI}{l^3}$$

のばねと見なすことができます。本問の場合，左右の並列に接続されていますので，全体のばね定数は，並列ばねの合成公式から，

$$K = \frac{3EI}{l^3} + \frac{3EI}{(2l)^3} = \frac{27EI}{8l^3}$$

と求めることができます。この式からは，求める変位が，

$$\delta = \frac{P}{K} = \frac{8Pl^3}{27EI}$$

であることはすぐにわかります。

　実は梁を並列ばねとみるためには，ちょっとした条件が必要です。具体的には，

　① 梁が1点で接していること
　② 接点に荷重が加わること
　③ 求める変位が，接点の荷重と同じ方向の変位であること

ということです。ただ，実際に出題されるのはほとんどがこの場合と言ってよいでしょう。ですので，ここで取り上げた解法は結構使うことができるのではないかと思います。

　土木職，機械職にも参考になる記述がありますので，そちらの問題も見てください。

Chapter 3-8 化学職

出題科目と出題数

試験名	数学	物理	物理化学	分析化学	無機化学	有機化学	工業化学	生物化学	化学工学
国家一般職	9		27					4※1	4※1
地方上級	7		9	3	6	9	※2	0	6

　国家総合職は，この本で紹介しているほかの職種と異なり，「化学・生物・薬学」の職種となる。必須10問に対し，16科目から5または6科目を選択する形式。
※1　国家一般職は36問必須で，※1の8問中4問が選択問題。
※2　地方上級の工業化学は，無機化学，有機化学の枠組みで出題される。

国家総合職の基本対策

　国家総合職は，名称が変更になりますが，基本的には以前の国家Ⅰ種の理工Ⅳと変更はありません。なお，理工Ⅳの必須問題10問の内訳は，基礎数学，基礎物理が合わせて2問，基礎化学が4問，基礎生物学が4問となっていました。この点も変更はないのではないかと考えられます。

　23年度までの理工Ⅳは非常に倍率が高く，効率的に学習していくというのも難しいのではないかと思います。1科目余分に選択できるのですから，必ず6科目用意して，易しい問題からできるだけ多く選択することが大切になってくるでしょう。

国家一般職の基本対策

　ほかの職種と異なり，化学職は国家Ⅱ種から国家一般職と名称が変わった以外には，特に出題内容に変更はありません。化学職は近年では建築職に次ぐ難関ですので，できる限り高得点を取る必要があります。しかし，問題の難易度

は必ずしも高くありませんので，苦手分野を作らないことが大切です。逆に言えば，まず大切なのは，自分の苦手分野を知ることです。そして，国家Ⅱ種の過去問で，苦手分野を繰り返し解いてみましょう。国家Ⅱ種では，似たような問題が繰り返し出題されていますので，まずはそうしたパターン問題が解けることが大切になります。いずれにしても，苦手科目をつぶす，ということがキーワードになります。

地方上級の基本対策

　地方上級も基本的には国家一般職と同様の対策になります。ただし，過去問が公開されていない以上，基本的には国家一般職の問題を使用することになります。地方上級も国家公務員試験のような高倍率ではないにしろ，かなり倍率の高い自治体が多くなっています。地方上級のほうが難しい問題が多いため，得意科目を持つメリットも多少ありますが，倍率を考えると，まずは苦手科目をつぶしていくことが大切になるでしょう。

　その他，地方上級の問題と国家一般職の問題の質の違いについては，土木職のページを参考にしてください。

　それでは，実際の問題を見てみることにしましょう。

最優先テーマ 29　工業化学（熱力学）

典型問題　状態方程式　　　　　　　　　　　　　　　　　　　国家Ⅱ種・23年度

理想気体を使った実験に関する次の記述の㋐, ㋑に当てはまるものの組合せとして最も妥当なのはどれか。

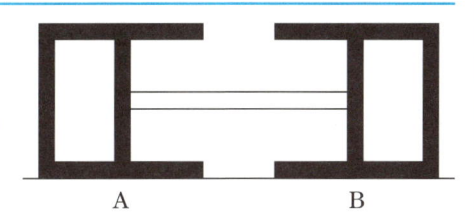

「図のように, 滑らかに動く板で仕切られた, 断面積の等しい断熱性容器A, Bがある。それぞれの板を棒でつなぎ, 容器を水平に固定した。

まず, Aに1.0 molの理想気体を入れ, 300 Kに保ったまま, Bを真空にしたところ, 板は右端まで移動して止まった。このとき, A内の気体の圧力は100 kPaであった。

この状態から, Bに3.0 molの理想気体を入れ, Aを600 K, Bを400 Kにしたところ, 板は左側に移動して止まった。このときのA内の気体の圧力は ㋐ kPaであり, A内の気体とB内の気体の体積比は1 : ㋑ である。」

	㋐	㋑
1	100	2
2	100	3
3	200	2
4	600	2
5	600	3

> **ここがポイント！** 条件の読み落としに注意！

　熱力学の問題です。「熱」「仕事」「内部エネルギー」といったキーワードがある場合には，熱力学第1法則を考えていきますが，本問にはありません（ついでに言えば一応「断熱性容器」というキーワードがあるのですが，後の条件で，600Kにした，400Kにしたとある以上，この温度に保つためにヒーターか何かを使ったのでしょうから，「断熱」という条件もないことになります）。そこで，今回は，

① Bを真空にした場合のA
② 後の条件でのA
③ 後の条件でのB

での状態方程式が立てられれば，基本的には問題は解けるはずです。そのときに大切なことは，

(1) 条件の読み落としに注意する
(2) わからないことは文字で置く

ということです。(1)は慎重に読むと同時に，経験が解決してくれる場合もあるでしょう。その意味では，最初はミスがあったとしても，何度も解き直してみるべきです。(2)は，物理では，とにかくまずは式を立てることが大切で，それを解くことは後の問題だ，という認識を持ってください。

　気体定数をRとしておきます。状態方程式を考えるとわからないものは体積ですので，これをVとして式を立てると，

$$100V = 1 \times R \times 300 \quad \therefore \quad V = 3R \quad \cdots ①$$

　次に，上の②，③について，A，Bともに等しい圧力をP，Aの体積をV_A，Bの体積をV_Bと置くと，状態方程式は次のようになります。

$$PV_A = 1 \times R \times 600 \quad \therefore \quad PV_A = 600R \quad \cdots ②$$
$$PV_B = 3 \times R \times 400 \quad \therefore \quad PV_B = 1200R \quad \cdots ③$$

　以上で立てられる式がすべて立てられましたので，これで問題は解けるはずです。実際，②，③より，

$$V_A : V_B = PV_A : PV_B = 1 : 2$$

となりますし，②と③を辺ごと加えて，ピストンが左右に動いても，AとBの体積の和が変わらず，

$V_A+V_B=V$

になることを考えると，

$P(V_A+V_B)=PV=1800R$

となるので，$P=600$kPaとなります。これで正答は**4**ですね。

なお，補足説明をしておきましょう。本問のようなピストンの問題での注意点です。

まず，$V_A+V_B=V$がわかりにくいかもしれませんが，本問では，ピストンが左に動いて，Bの体積が増えたのと同じぶん，Aの体積が減っていますね。ですので，AとBの体積の和は変わりません。

次に，本問で両方の部屋の圧力が等しいと言っていますが，このことを間違って丸暗記しないようにしておいてください。力学に圧力のつり合いというものは存在しません。あるのは，力のつり合いだけです。ただし，本問では，左右のピストンの面積が等しいので，圧力も等しくなるのです。この点，注意しておいてください。

最優先テーマ 30 熱量

典型問題　熱交換
国家Ⅱ種・23年度

ある連続槽型反応器の中では，2500kJ/sで発熱する反応が起こっている。この反応器の冷却装置には冷却水が20kg/sで流され，反応器内の温度は90℃で一定になっている。この反応が定常状態で，冷却水の出口温度が40℃であるとき，冷却水の入口温度はおよそいくらか。

ただし，冷却水の比熱容量を4.2kJ/(K·kg)とする。

1　5℃
2　10℃
3　15℃
4　20℃
5　30℃

ここがポイント！ 工学の基礎でも出る！

似たような熱量の問題を取り上げました。熱交換機の問題などと同じで，化学系の人にはおなじみですね（ちなみに国家Ⅰ種理工Ⅰの工学の基礎にも出題されたことがあります）。定常状態ですので，発熱した分を冷却水で逃がせばいいわけです。発生した熱は1秒間に2500kJです。

一方，逃げる分はどうかというと，まず熱はともかくとして，冷却水が20kg出て行っています。ところで，比熱が4.2kJ/(K·kg)ですので，熱量に直すと，1Kあたり，4.2×20＝84kJの熱を受け取ることができます。発生する熱量が2500kJであることを考えると，冷却水がxKだけ温度上昇したとして，

$84x = 2500$　　∴　$x = 29.8$

が成立します。その結果，40℃となったのですから，もとの温度は，40－29.8＝10.2℃となりますね。

よって正答は**2**です。

著者紹介

丸山 大介（まるやま・だいすけ）

1974年，長野県生まれ。
技術系公務員試験受験指導歴20年を超えるカリスマ講師。
自身も国家Ⅰ種1位合格2回（土木職，理工Ⅰで各1回），日弁連法科大学院適性試験1位（3位，5位もあり），大学入試センター試験法科大学院適性試験9位などの経歴を持つ。ソフトウェア開発技術者。
東京大学工学系研究科社会基盤工学専攻修士課程修了。
ホームページ「丸山の技術系公務員試験のページ」で，日々最新情報を発信中。
http://www.maru-will.com

　　　　　本書の内容に関するお問合せは，以下のあて先に
　　　　　郵便またはメール，FAXでお送りください。
　　　　　〒163-8671　東京都新宿区新宿1-1-12
　　　　　株式会社 実務教育出版　受験ジャーナル編集部
　　　　　E-mail：juken-j@jitsumu.co.jp
　　　　　FAX：03-5369-2237
　　　　　（書名を明記のこと）

本書および『受験ジャーナル』（定期号／特別企画／別冊）に関するお知らせ，訂正情報がある場合は，小社ホームページ（https://www.jitsumu.co.jp）に掲載します。

めざせ技術系公務員　最優先30テーマの学び方

2012年 4月 5日　初版第1刷発行　　〈検印省略〉
2020年12月10日　初版第3刷発行

著　　者──丸山大介
発 行 者──小山隆之
発 行 所──株式会社 実務教育出版
　　　　　　〒163-8671　東京都新宿区新宿1-1-12
　　　　　　編　集　03-3355-1813　　販　売　03-3355-1951
　　　　　　振　替　00160-0-78270
印　　刷──日本制作センター
製　　本──東京美術紙工

©Maruyama Daisuke
JITSUMUKYOIKU-SHUPPAN 2012
Printed in Japan
ISBN978-4-7889-7520-0　C0030
無断転載および複製を禁じます。

特別付録

地方上級（23年度）の復元問題
工学の基礎（数学・物理）

【No. 1】 3つのベクトル $\vec{A}$, $\vec{B}$, $\vec{C}$ から定義されるベクトル $\vec{D}$ がある。
$\vec{D} = (\vec{A} \times \vec{B}) \times \vec{C}$
$\vec{D}$ について正しいのはどれか。
1　ベクトル $\vec{A} \times \vec{B}$ に直交し，$\vec{C}$ と平行なベクトル
2　ベクトル $\vec{A} \times \vec{B}$ と同じ平面にあり，$\vec{C}$ と平行なベクトル
3　ベクトル $\vec{A}$ と $\vec{B}$ に直交し，$\vec{C}$ と平行なベクトル
4　ベクトル $\vec{A}$ と $\vec{B}$ と同じ平面にあり，$\vec{C}$ と直交するベクトル
5　$\vec{A}$, $\vec{B}$, $\vec{C}$ に直交するベクトル

【No. 2】 微分方程式 $\dfrac{dy}{dx} - \dfrac{1}{y} = 0$ の解で，$(x, y) = (0, 1)$ を通るものの，$y = 3$ における x の値として正しいのはどれか。
1　$\sqrt{2}$
2　$\sqrt{3}$
3　2
4　$\sqrt{5}$
5　4

【No. 3】 $y=\sin x$ $(0\leq x\leq \pi)$ と $y=\cos 2x$ $(0\leq x\leq \pi)$ の2つのグラフで囲まれている部分の面積として正しいのはどれか。

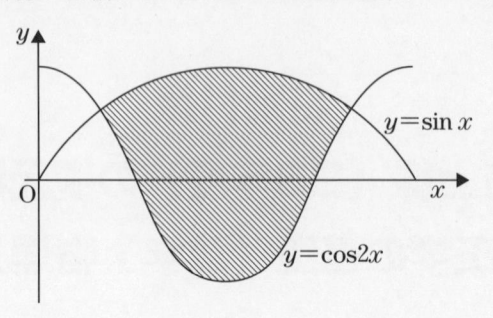

1　$\dfrac{1}{2}$

2　$\dfrac{\sqrt{3}}{2}$

3　$\dfrac{\sqrt{3}-1}{2}$

4　$\dfrac{3}{2}$

5　$\dfrac{3\sqrt{3}}{2}$

【No. 4】 数列 $\dfrac{1}{1\cdot 3}$, $\dfrac{1}{3\cdot 5}$, $\cdots$, $\dfrac{1}{(2n-1)(2n+1)}$ の第 n 項までの和を S_n とするとき，S_{10} の値として正しいのはどれか。

1　$\dfrac{9}{19}$

2　$\dfrac{10}{21}$

3　$\dfrac{11}{21}$

4　$\dfrac{10}{19}$

5　$\dfrac{11}{19}$

【No. 5】 確率密度関数 $f(x)$ を以下のように定義したときの a の値と $x \geq \dfrac{1}{2}$ となる確率を求めよ。

$$f(x) = \begin{cases} ax^2 & (0 \leq x \leq 1) \\ 0 & (0 > x,\ x > 1) \end{cases}$$

　　　a の値　　確率

1　　2　　$\dfrac{3}{4}$

2　　2　　$\dfrac{7}{12}$

3　　3　　$\dfrac{1}{8}$

4　　3　　$\dfrac{7}{8}$

5　　3　　$\dfrac{5}{12}$

【No. 6】 次のフローチャートを実行したときに出力される値はいくらか。

START
$I \leftarrow 0$
$k \leftarrow 0$
$M \leftarrow 180$

$I \leftarrow I+1$
$k \leftarrow k+2$
$M \leftarrow M-k$
$M \leq k$　No→戻る　Yes↓
I を出力
END

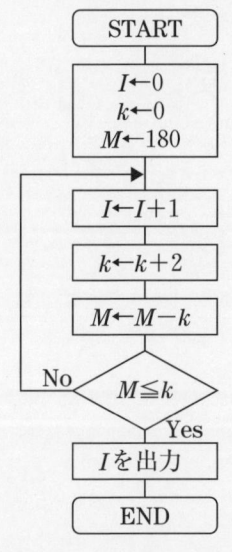

1 10　　**2** 11　　**3** 12　　**4** 13　　**5** 14

【No. 7】 壁に質量10kg，長さ5mのまっすぐな棒を立てかける。摩擦力は，壁と棒の間にはなく，床と棒の間の静止摩擦係数は0.6である。棒と壁の間の角度を小さくしていくとき，棒が滑らない最小の角度をθ_0とするとき，$\tan\theta_0$の値はいくらか。

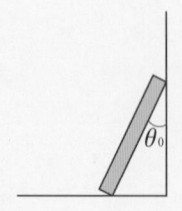

1　0.6
2　0.8
3　1.0
4　1.2
5　1.4

【No. 8】 図のように，滑らかな水平面上を，質量$2m$の物体と質量mの物体が，反対向きに速さv_0で運動しており，衝突後，2つの物体は一体となって運動した。このとき，衝突によって失われた運動エネルギーとして正しいのはどれか。

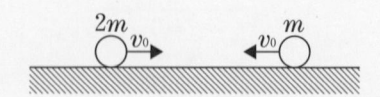

1　$\frac{1}{3}mv_0^2$

2　$\frac{2}{3}mv_0^2$

3　mv_0^2

4　$\frac{4}{3}mv_0^2$

5　$\frac{5}{3}mv_0^2$

【No. 9】 x軸上を正方向に進む正弦波の振幅をA, 振動数をf, 波長をλ, 位置をx, 時間をtとしたとき, 任意のx, tにおける変位$y(x, t)$を表す式はどれか。ただし, $t=0$, $x=0$で$y=0$とする。

1　$y = A\sin\left\{2\pi\left(ft + \dfrac{x}{\lambda}\right)\right\}$

2　$y = A\sin\left\{2\pi\left(ft - \dfrac{x}{\lambda}\right)\right\}$

3　$y = A\sin\left\{2\pi\left(\dfrac{t}{\lambda} + \dfrac{x}{f}\right)\right\}$

4　$y = A\sin\left\{2\pi\left(\dfrac{t}{f} - \dfrac{x}{\lambda}\right)\right\}$

5　$y = A\sin\left\{2\pi\left(\dfrac{t}{f} + \lambda x\right)\right\}$

【No. 10】 2枚の距離がdで平行な金属板があり, 下側の電位を0, 上側の電位をV_0とすると, 金属板の間には, 一様な電界ができる。この中に電荷$q(>0)$を入れたとき, 電荷が受ける力の向きと大きさとして正しいものはどれか。

	向き	大きさ
1	上向き	$qV_0 d$
2	上向き	$q\dfrac{V_0}{d}$
3	下向き	$qV_0 d$
4	下向き	$q\dfrac{V_0}{d}$
5	下向き	$qV_0 d^2$

正答と解説
地方上級　出題の特徴

　23年度の地方上級の復元問題です。総合土木職など，一部で異なる出題もあったようです。最近の易しくなった国家Ⅱ種（国家一般職）の過去問しか見たことない人にとっては，かなり難しく見えたのではないでしょうか。しかし，実際に見てみると，**かなり問題間の難易度差が大きいことがわかります。取れる問題を取る。**これが大切だということをよく覚えておいてください。特に地方上級の場合は，解けない問題があることを最初から承知のうえで試験を受けないと，本試験で難しい問題を見て動揺してしまうかもしれません。

　まず，23年度の出題の特徴を簡単に紹介しましょう。**問題数は数学6問，物理4問と例年どおり**です。数学の内容を見てみると，例年出題のある論理の問題が出題されず，代わりに数列の問題が入っています。数列はNo.1で出題されることがあったのですが，そこには23年度は空間ベクトルが入っています。No.1に従来出題されていない分野の問題が入ることも，割とよくあります。一方，物理は，力学2問に，波動，電磁気学各1問の出題でした。数年前までは力学3問と回路のパターンが多かったのですが，ここ3年ほど波動が繰り返し出題されています。今後も，このパターンかもしれません。

　さて，次ページから，単純な正答だけではなく，本試験での解き方の注意点などについても触れながら解説していきましょう。**1年分だとわずか10問ですが，参考になる部分はたくさんあります。**本試験ではここで6問以上，できれば7問取れれば，他の受験生に差をつけることができます。

【No. 1】 正　答　**4**

　いきなり難しく見える問題ですね。外積については国家Ⅱ種では出題はほとんどありませんでしたので，手も足も出なかった人が多かったと思います。実際，手も足も出ないのであれば，さっさと先に進むのがよいでしょう。こうした珍しい問題（しかも難しい問題）が出題されるのも地方上級の特徴です。気にしてはいけないのです。

　では，解答に移りましょう。

　この問題を解くためには，どうしても外積の知識が必要になります。ここでは，外積の特徴をまとめておきましょう。

① 外積 $\vec{A} \times \vec{B}$ は，もとのベクトル $\vec{A}$ と $\vec{B}$ の両方に垂直
② $|\vec{A} \times \vec{B}| = |\vec{A}| |\vec{B}| \sin\theta$，（$\theta$ は2つのベクトルのなす角度）
③ ②の結果として外積の大きさは，もとのベクトルが作る平行四辺形の面積に等しくなる

　この問題では，①だけがあれば十分です。①の性質から，すぐに次のことがわかります。

　　$\vec{D}$ は $\vec{A} \times \vec{B}$ と $\vec{C}$ に垂直

　この時点で，正答は **4** か **5** しかありません。しかし，そもそも，

　　$\vec{A} \times \vec{B}$ はもとのベクトル $\vec{A}$ と $\vec{B}$ の両方に垂直

ですから，さらにそれと垂直ということは，結局もとに戻り，$\vec{D}$ は $\vec{A}$ と $\vec{B}$ の作る平面内にある，ということになります。ここは少し複雑ですが，$\vec{A}$ と $\vec{B}$ の作る平面と $\vec{A} \times \vec{B}$ が垂直であり，さらに $\vec{D}$ は $\vec{A} \times \vec{B}$ と垂直なのですから，結局 $\vec{D}$ は $\vec{A}$ と $\vec{B}$ の作る平面内にあることになります。

　ですので，正答は **4** となります。

　ちなみに，$\vec{A} = (1, 0, 0)$，$\vec{B} = (0, 1, 0)$ と具体的に数値を決める方法も選択肢を切る目的なら有効です。ただし，ここで $\vec{C} = (0, 0, 1)$ と置いてしまうと答えがなくなりますので注意が必要です。また，**5** の3つのベクトル全部に垂直なベクトルは，存在しない場合がありますね。

【No. 2】 正 答 **5**

　この微分方程式も，国家Ⅱ種での出題がほとんど見られません（平成14年度に例外的に出題がありました）ので，まったく対策を取っていなかった人も多いでしょう。解き方がまったくわからない場合は飛ばしてもよいでしょう。ただ，実は地方上級では，微分方程式は割とよく出題されています。ですので，本問と同じような変数分離型の微分方程式の解き方は用意しておくとよいでしょう。

　さて，では解答です。前述したとおり，これは変数分離型と呼ばれる微分方程式で，解き方は完全に決まっています。

　まず，x と y を左辺と右辺に分けてしまいましょう。dx, dy にも気をつけます。本問では，次のようにします。

$$ydy = dx$$

　そして，この等式が成立するなら，積分しても等しいはずです。つまり，

$$\int ydy = \int dx$$

となります。これを実行すると，

$$\frac{1}{2}y^2 + C = x$$

ここで，C は積分定数です。$(x, y) = (0, 1)$ を代入すれば，

$$C = -\frac{1}{2}$$

がわかります。ここに $y = 3$ を代入すれば，$x = 4$ が求まります。

　いずれにしても，この問題は解き方を準備しておくべき問題です。

【No. 3】 正 答 **5**

　突然雰囲気が変わり，易しく見える問題ですね。No.1，2 が解けなくて焦った人も少なくなかったと思いますが，本番はここからです。落とせない問題が続きます。交点を求め，確実に積分していきましょう。

　まず，交点は，倍角の公式を使うと，

$\sin x = \cos 2x = 1 - 2\sin^2 x$

∴　$2\sin^2 x + \sin x - 1 = (2\sin x - 1)(\sin x + 1) = 0$

となりますので，$0 \leq x \leq \pi$ より，$\sin x = \dfrac{1}{2}$，つまり $x = \dfrac{\pi}{6}, \dfrac{5\pi}{6}$ です。これが出てくれば後は積分をするだけです。

$$\int_{\frac{\pi}{6}}^{\frac{5\pi}{6}} (\sin x - \cos 2x)\,dx = \left[-\cos x - \dfrac{1}{2}\sin 2x \right]_{\frac{\pi}{6}}^{\frac{5\pi}{6}} = \left(\dfrac{\sqrt{3}}{2} + \dfrac{\sqrt{3}}{4} \right) - \left(-\dfrac{\sqrt{3}}{2} - \dfrac{\sqrt{3}}{4} \right)$$

$$= \dfrac{3\sqrt{3}}{2}$$

　これで正解が出てきました。計算ミスには注意が必要ですね。

【No. 4】 正 答 **2**

　これも落とせない問題です。専門試験というよりは教養試験の対策で解いたことがある人もいるかもしれませんね。なお，総合土木職の問題では，この部分分数の問題が2問出題されています（数値は異なります）。以下に解答をつけていきますが，ほとんど別解はなく，知識問題といっていいですね。

　ではまず，第 n 項を次のように変形しましょう。これを部分分数展開といいます。

$$\frac{1}{(2n-1)(2n+1)} = \frac{1}{2}\left(\frac{1}{2n-1} - \frac{1}{2n+1}\right)$$

この式が正しいことは右辺を通分してみるとわかるのですが，この変形は，最初から部分分数展開ができるものだと思って，試しに，

$$\frac{1}{2n-1} - \frac{1}{2n+1} = \frac{(2n+1)-(2n-1)}{(2n-1)(2n+1)} = \frac{2}{(2n-1)(2n+1)}$$

と計算してみると，上の式を2で割ればよいとわかるでしょう。

　後は，これを使って計算していくだけです。間はきれいに消えます。何もいわれずにこんなことに気づくのはなかなか難しいのですが，当然本試験では，準備して知っているからすぐに解けるのです。その意味では，案外差がついているかもしれませんね。では，計算していきましょう。

$$\frac{1}{1\cdot 3} + \frac{1}{3\cdot 5} + \frac{1}{5\cdot 7} + \cdots + \frac{1}{19\cdot 21} = \frac{1}{2}\left(\frac{1}{1} - \frac{1}{3}\right) + \frac{1}{2}\left(\frac{1}{3} - \frac{1}{5}\right) + \frac{1}{2}\left(\frac{1}{5} - \frac{1}{7}\right)$$
$$+ \cdots \frac{1}{2}\left(\frac{1}{19} - \frac{1}{21}\right)$$
$$= \frac{1}{2}\left(\frac{1}{1} - \frac{1}{3} + \frac{1}{3} - \frac{1}{5} + \frac{1}{5} - \frac{1}{7} + \cdots - \frac{1}{19}\right.$$
$$\left. + \frac{1}{19} - \frac{1}{21}\right)$$
$$= \frac{1}{2}\left(\frac{1}{1} - \frac{1}{21}\right) = \frac{10}{21}$$

　これで終わりです。3～4行目で次々と中央の項が消えていることに注意してください。

【No. 5】 正答 **4**

　この問題も正答しておきたい問題です。ほとんど知識問題といってよい問題で，知らない人は手も足も出ないですが，知っていれば簡単に解けてしまう問題です。ですので，解けた人は「誰でも解ける」と思うかもしれませんが，安心してください。こういう問題は，必ず一定数の知らない人がいます。というより，結構な割合でいると思いますよ（ただし，本問は国家Ⅱ種でも出題されたことがあるので，本当は用意しなければいけない問題なんですけどね）。

　では，解いていきましょう。確率密度関数は，「積分すると確率になる」という性質を持った関数です。個々で大切なのは，全確率が1ということです。つまり，定義されている全体の範囲で積分すれば1になるはず，ということですね。今回は $0 \leq x \leq 1$ で積分しましょう。

$$\int_0^1 ax^2 dx = \left[\frac{ax^3}{3}\right]_0^1 = \frac{a}{3} = 1 \quad \therefore \quad a = 3$$

　次に確率を計算しましょう。$x \geq \frac{1}{2}$ ということは，この場合は $\frac{1}{2} \leq x \leq 1$ と同じことです。そこで，この範囲で積分しましょう。

$$\int_{\frac{1}{2}}^1 3x^2 dx = \left[x^3\right]_{\frac{1}{2}}^1 = \frac{7}{8}$$

これで正解が出てきました。ついでに期待値も計算しておきましょう。これも公式から計算するだけです。

$$\int_0^1 x \cdot 3x^2 dx = \int_0^1 3x^3 dx = \left[\frac{3x^4}{4}\right]_0^1 = \frac{3}{4}$$

となりますね。

　本文136ページの公式をよく覚えておいてください。

【No. 6】 正答 **3**

　地方上級のフローチャートは，難しいときと易しいときの難易度の差が大きいのですが，今回は易しいほうに入ります。フローチャートが実行できますので，実際に表を書いて調べてしまいましょう。フローチャートは苦手とする受験者も少なくないため，これでも十分差がついたと思います。ちなみに難しいときには，有名なアルゴリズムをそのまま出題している場合がよく見られます。この場合は，知らないと手も足も出ない場合があるため，飛ばしてしまってもよいと思います。このことも知っておくといいでしょうね。

　登場する変数は，I, k, M ですね。これを表にしましょう。

I	0	1	2	3	4	5	6	7	8	9	10	11	12
k	0	2	4	6	8	10	12	14	16	18	20	22	24
M	180	178	174	168	160	150	138	124	108	90	70	48	24

　この最後のところで，分岐処理が Yes になりますので，これで終わりで $I=12$ となりますね。

　こうやってできた表だけを見ると面倒に思えるかもしれませんが，すぐに規則が見えてくるため，実際に計算してみれば割と早く解くことができます。それに，最悪でも $I=14$ で終わることが選択肢からわかりますしね。問題集は解答を見て納得するだけではなく，自分で手を動かしてみると違った側面が見えてくるということですね。

　ところで，この問題ですが，結局，

$$180-(2+4+6+\cdots+(2i)) \leq 2i$$

となる最小の i を求めたことになります。左辺を計算すれば，

$$180-i(i+1) \leq 2i \quad \therefore \quad i(i+3)-180 = i^2+3i-180 = (i-12)(i+15) \geq 0$$

となって，$i \geq 12$ を求めることもできます。

　といっても，実際にはやはり表を書いていくほうが無難ですね。ただし，計算ミスが一度でもあると正解が出てこない可能性がありますので，慎重に計算していってください。

【No. 7】 正答 **4**

　ここから力学が2問続きます。1問は力・モーメントのつり合いで，ここは例年どおりですね。①力を見つけ，②力とモーメントのつり合いという手順を忘れないようにしましょう。また，わからない力はしっかり文字で置く，といったところも丁寧に。

　図のように，壁と棒の間の力をN_1，床の抗力をN_2とします。

鉛直方向の力のつり合いより，

$N_2 = 100$

水平方向の力のつり合いより，

$N_1 = 0.6 N_2 = 60$

図のA点まわりのモーメントのつり合いより，

$100 \times 2.5\sin\theta + 0.6 N_2 \times 5\cos\theta = N_2 \times 5\sin\theta$

最後の式に$N_2 = 100$を代入して整理すると，

$250\sin\theta + 300\cos\theta = 500\sin\theta$　　∴　$\tan\theta = 1.2$

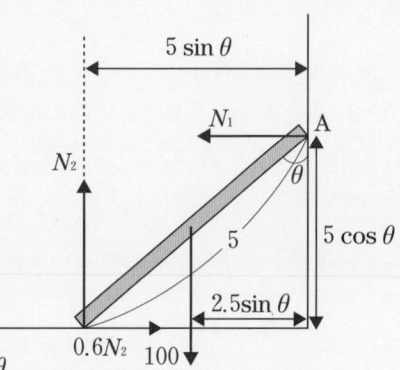

【No. 8】 正答 **4**

　衝突の問題ですから，当然に運動量の保存ですね。この問題は基本的なので落とせません。計算ミスも許されません。数学の最初のほうの問題との難易度の差が大きいですね。これが地方上級の工学の基礎です。

　まず，衝突後の速度を右向きを正としてvと置いて，運動量保存則を立てましょう。

$2mv_0 - mv_0 = (2m + m)v$　　∴　$v = \dfrac{v_0}{3}$

衝突前の運動エネルギーは$\dfrac{2m}{2}v_0^2 + \dfrac{m}{2}v_0^2 = \dfrac{3}{2}mv_0^2$であり，衝突後に持っている運動エネルギーは，$\dfrac{3m}{2}\left(\dfrac{v_0}{3}\right)^2 = \dfrac{mv_0^2}{6}$であるので，これを引き算して，

$\dfrac{3}{2}mv_0^2 - \dfrac{1}{6}mv_0^2 = \dfrac{4}{3}mv_0^2$

となります。

【No. 9】 正 答 **2**

　波動の問題は予想外だった人もいるかもしれません。しかし，地方上級では，ここのところ毎年出題があります。国家一般職の工学の基礎の出題数が増えたことからも，今後は対策を取っていく必要があるでしょう。とはいえ，いざとなったら23年度の場合，No.1，2，9の3問は飛ばしていってよいでしょう。

　波の式は公式になっていますので，正答だけを言えば**2**となります。**1**が負方向に進む波になります。実際の解答は選択肢を利用するのがよいでしょう。

　$t=0$，$x=0$ で $y=0$ なのですから，ここから1波長進んだ $t=0$，$x=\lambda$ でも $y=0$ です。ここから，**1**，**2**，**4**のみが残ります。また，この波は1秒間に f 回振動しますが，これは言い換えると，$\frac{1}{f}$ 秒で1回振動するということです。そこで，$t=\frac{1}{f}$，$x=0$ でも $y=0$ になります。これを代入すれば**1**，**2**のいずれかが正答だとわかります。問題は**1**，**2**のどちらなのか，というところです。

　ここはなかなか思いつかないのですが，波の式の中の式を見てみましょう。$\sin$ の中身が $\frac{\pi}{2}$ になると，$\sin$ は最大値をとりますので，波は山になります。この場合，波の式の中身は，

　1：$ft+\frac{x}{\lambda}=\frac{1}{4}$，　**2**：$ft-\frac{x}{\lambda}=\frac{1}{4}$

これを x について解いてみましょう。

　1：$x=-\lambda ft+\frac{\lambda}{4}$，　**2**：$x=\lambda ft-\frac{\lambda}{4}$

となりますね。すると，ここから**1**では t が大きくなると，x が減るのに対して，**2**では t が大きくなると x が増加することがわかります。これは，**1**では x が減る，つまり負方向へ進行する波を表すのに対し，**2**は正方向へ進行する波を表す，ということです。ここから**2**が正答だとわかります。

　とはいえ，実際には，知らないと解けなかったのではないかと思います。

【No. 10】 正　答　**4**

　電磁気学の基本的な問題，と言いたいのですが，実は22年度の国家Ⅱ種の電気・電子・情報職の専門の問題で同一の問題が出題されていました。公式を覚えていればそれだけで解けます。ここは今後も出題が予想されますので，公式を覚えておくとよいでしょう。とはいえ，用意していない人は必ず一定割合でいますので，電気職以外では，解ければ差がついたと思います。

　まず，この問題がコンデンサだと思えば，上側に正の電荷，下側に負の電荷が蓄えられていると考えることができます。あるいは，そもそも電位の定義として，「正の電荷は電位の高い方から低い方へ力を受ける」と覚えてもよいでしょう（このことだけで解ける問題が国家Ⅰ種の過去問にあります）。いずれにしても，力の向きは下向きです。ところで，電位とは，電荷の持つ（単位電荷当たりの）エネルギーという意味があります。これも覚えておいてもらいたいところです。このコンデンサの中で，下側から上側まで電荷を移動させる力をFとして，仕事を計算すると，

　　$Fd = qV_0$

という式が成立します。ここから正答の$F = q\dfrac{V_0}{d}$がわかります。